Namen machen Marken

C

Markennamen wie der »Tigra« von Opel, »Mein Mild'Or« von Jacobs oder »BlanCrème« von der Fromagerie Guilloteau haben oft eine ganz besondere Entwicklungsgeschichte. Was hat es auf sich mit der Namensgebung für Produkte, die uns im Alltag umgeben?

Die Schöpfung eindeutiger, einprägsamer und anziehender Markennamen wird bei der heutigen und im EU-Konzert noch wachsenden Produktvielfalt für Unternehmen immer wichtiger. Sie sollte nicht dem Zufall und der Intuition allein überlassen bleiben.

Susanne Latours umfassendes Handbuch zeigt, mit welchen Methoden – vom Brainstorming über Lautmalereien, die computergestützte Namensrecherche bis hin zur Kunstwortsynthese – sich Markennamen kreieren lassen, und es zeigt auch, welche konsumentenpsychologischen und marketingstrategischen Überlegungen zum Zuge kommen, bevor der eigentliche Prozeß der Namensfindung in Angriff genommen werden kann.

Susanne Latour wurde 1963 in Mannheim geboren. Ihre Kindheit verbrachte sie in Beirut, ihre Schul- und Studienzeit in Paris. Sie studierte Literatur, Politische Wissenschaften und Betriebswirtschaftslehre. Von 1988 bis 1989 sammelte sie ihre ersten Erfahrungen in ihrem späteren Beruf bei der europäischen Namensagentur Nomen International, Paris. Danach gründete sie die in Düsseldorf ansässige deutsche Filiale der Gruppe. Zu ihren Kunden zählen Jacobs, Opel, VW, Gervais Danone und die Hotelkette Altea. Susanne Latour hat zwei Kinder und lebt in Düsseldorf.

Susanne Latour

Namen machen Marken

Handbuch zur Entwicklung von Firmen- und Produktnamen

Mit einem Beitrag von Helge Bernhard Cohausz

Campus Verlag
Frankfurt/New York

Lektorat: Frank Altmann, Frankfurt am Main

Die Deutsche Bibliothek – CIP-Einheitsaufnahme

Latour, Susanne:
Namen machen Marken : Handbuch zur Entwicklung von
Firmen- und Produktnamen / Susanne Latour.
Mit einem Beitr. von Helge Bernhard Cohausz. –
Frankfurt/Main ; New York: Campus Verlag, 1996
ISBN 3-593-35487-X

Copyright © 1996 Campus Verlag GmbH, Frankfurt/Main
Umschlaggestaltung: Atelier Warminski, Büdingen
Umschlagmotiv: Nomen International, Düsseldorf
Satz: Fotosatz L. Huhn, Maintal-Bischofsheim
Druck und Bindung: Druckhaus Beltz, Hemsbach
Gedruckt auf säurefreiem und chlorfrei gebleichtem Papier

Ich spreche die Namen Celia, Elody &...
und eine Welt geht auf

Inhaltsverzeichnis

Danksagung

Mein besonderer Dank gilt:

Marcel Botton, Pionier auf dem Gebiet der Namensentwicklung. Als Wirtschaftswissenschaftler gründete er 1981 das französische Unternehmen Nomen International S.A. in Paris. Nomen ist spezialisiert auf die Entwicklung von und Beratung für Markennamen und arbeitet als eine der ersten Namensagenturen weltweit. Marcel Botton hat sich inzwischen den Ruf erworben, einer der besten Namensspezialisten für den europäischen Markt zu sein, nicht zuletzt auch aufgrund seiner eigenen Softwareprogramme zur Kreation von Markennamen. Er gab mir die Chance, die deutsche Filiale zu gründen, und er steht Nomen Deutschland jederzeit mit Rat und Tat zur Seite. Sein internationales Team benannte inzwischen mehrere hundert Produkte und Unternehmen, die unser tägliches Wirtschaftsumfeld markieren.

Jean-Jack Cegarra, Doktor der Volks- und Wirtschaftswissenschaften und Marketingprofessor an französischen Universitäten, von dem ich den Großteil der Marketingtheorie übernommen habe.

Dipl.-Ing. Helge B. Cohausz, der mir mit seinen enormen Fähigkeiten als Patentanwalt schon oft mit gutem Rat geholfen hat, und das Kapitel 8 »Der Schutz von Marken« als Coautor schrieb, wodurch das Buch sehr gewonnen hat.

Den Filialleitern der Gruppe Nomen in Barcelona, London, Mailand, Lyon, Paris, Genf, Salzburg und insbesondere meiner Freundin Béatrice Ferrari, die mich in meiner Startphase schulte und täglich anspornte, sowie auch Marie Pastelot, Pierre Chanut und Frédérique Chauveau.

Auch meinen Mitarbeitern möchte ich für die aktive Unterstützung beim Schreiben des Buches danken:

Claudia Kaschka für ihre hervorragenden Übersetzungen aus dem Französischen, Sybille Kircher für ihre beigesteuerten Erfahrungen als Projektleiterin, Gregor Rotter für seine betriebswirtschaftliche Beratung und gelungene graphische Gestaltung,

Brigitte Martinez-Haas für ihre qualifizierte publizistische Beratung, Anja Veit für ihre tägliche Unterstützung sowie Stefanie Berg für ihre stilistische Umsetzung unserer Theorie und Praxis als Fachjournalistin.

Namen in Geschichte, Literatur und Alltag

»Am Anfang war das Wort«, steht in der Bibel. Mensch und Wort sind schon immer untrennbar miteinander verbunden gewesen. Warum aber bedient sich der Mensch der Sprache, um sich zu verständigen? Warum kommt er nicht ohne Wörter und Sätze aus und kommuniziert nonverbal, so wie es Tiere tun? Menschliche Sprache ist nicht lebensnotwendig; das reine Überleben der Menschheit wäre auch ohne Worte gewährleistet. Doch indem wir sprechen und unsere Gedanken, Empfindungen und Wünsche in Worte kleiden, unterscheiden wir uns wesentlich von anderen Lebewesen. Die Sprache ist Ausdruck des menschlichen Bewußtseins, das uns von Geburt an auf der Welt einzigartig macht.

Ein neugeborenes Kind kann anfangs nur mittels Weinen seine Grundbedürfnisse artikulieren. Doch es lernt bald, Wörter zu sprechen, sinnvolle Sätze zu bilden und sich auf diese Weise aktiv in die Gesellschaft zu integrieren. Es kann nun mehr tun, als zu schreien, zu zappeln oder zu jauchzen, um seinen Willen kundzutun; es spricht aus, was es möchte. Sprache stellt für uns eine Möglichkeit dar, die Wirklichkeit oder eine Phantasiewelt greifbar zu machen. Je größer der Wortschatz eines Menschen wird, desto komplexer wird die Wirklichkeit für ihn. Wir können nicht alles, was uns umgibt, selbst anfassen, riechen, schmecken, sehen oder hören. Indem wir über Dinge sprechen oder lesen, abstrahieren wir und erweitern gleichzeitig unseren intellektuellen Horizont. Indem wir die Dinge um uns herum benennen und über sie sprechen, können wir sie jederzeit in unser Bewußtsein rufen.

Sobald wir eine engere Beziehung zu einer Sache oder einem Lebewesen aufbauen, macht sich dies auch in unserem Sprachgebrauch bemerkbar: Das reine Wort (nomen appellativum) reicht nicht mehr aus, um emotionale

Nähe auszudrücken, deshalb greifen wir zum Namen (nomen proprium). Je intensiver die Beziehung ist, die man zum Gegenüber aufgebaut hat, um so wichtiger wird der Name. Ein Name bedeutet Nähe. »Home, sweet home«, heißt es in England, und tatsächlich haben dort viele Häuser einen eigenen Namen. Wir nennen unsere Haustiere nicht einfach nur Hund, Katze oder Wellensittich, sondern rufen sie Bello, Minka oder Hansi. Liebespaare haben Kosenamen füreinander, und wenn ein Kind geboren wird, dann geben die Eltern ihm den Namen, den sie am schönsten finden. Das Kind wiederum gibt seinem Stofftier, seiner Puppe oder einem erfundenen Spielkameraden einen Namen.

Laut Goethe sind Gefühle alles, Namen dagegen Schall und Rauch. Doch kann man eine solche Trennung wirklich vornehmen? Namen können nicht losgelöst gesehen werden; sie müssen mit Sinn gefüllt und emotional aufgeladen werden. Wir können schwer mit Gefühlen umgehen, wenn wir sie nicht beim Namen nennen können. Ein Name ohne Emotion wiederum ist kein Name mehr, sondern nur noch ein leeres Wort.

Was macht Namen für den menschlichen Verstand so faszinierend? In allen Jahrhunderten hat die Weltliteratur Werke hervorgebracht, in denen Namen eine tragende Rolle spielen. Die schriftliche Kultur lebt vom Motiv der Namen.

Die Bibel ist das erste schriftliche Dokument der christlichen Kultur und zugleich ein Grundstein der Weltliteratur. Schon in der Schöpfungsgeschichte spielen Namen eine zentrale Rolle. Kaum hatte Gott das Licht, die Dunkelheit, die Welt und ihr Umfeld geschaffen, da machte er sich daran, festzulegen, wie er sie künftig nennen wollte: »Gott nannte das Licht Tag und die Dunkelheit Nacht. Er nannte den Boden Erde und die Ansammlung des Wassers die Meere.« Was die Benennung der Tiere anging, so vertraute Gott auf Adam: »Finde du die Namen.« Die Menschen haben die Welt aber nicht mit der Genesis in Besitz genommen, sondern nach der Sintflut, als sie die Tiere nicht nur benennen, sondern auch klassifizieren mußten.

Es war also im Paradies, einer ganz neuen Welt, in der sich eine leidenschaftliche Aktivität entwickelte: die Kreation von Namen. Wir benennen alles, was wir wahrnehmen und unterscheiden, alles, was für uns zählt. Etwas, das keinen Namen hat, ist für den Menschen etwas, das nicht existiert.

Im Talmud der Juden lesen wir: »Es sind drei Kronen: des Richters, des Priesters, des Königs – aber die Krone eines guten Namens ist höher als alle.« Auch die Germanen schrieben Namen eine hohe Bedeutung zu. Die

Merseburger Zaubersprüche belegen, daß sie davon überzeugt waren, daß Wörter und Namen die magische Kraft besitzen, Dämonen abzuwehren oder die Hilfe guter Mächte herbeizurufen. Auch heute ist der Ausdruck »ein Machtwort sprechen« allgemein geläufig.

Namen haben die Menschen schon immer beschäftigt. Durch die Gebrüder Grimm wurden die deutschen Volksmärchen der Nachwelt überliefert und einem breiten Lesepublikum zugänglich gemacht. Namen spielen in Märchen häufig eine zentrale Rolle. Im Märchen vom gestiefelten Kater kommt der arme Müllerssohn zu Ruhm und Reichtum, weil der gestiefelte Kater zunächst einen langen und vornehmen Namen für seinen Herrn erfindet. In der Geschichte vom Rumpelstilzchen denkt sich der gleichnamige Kobold: »Ach wie gut, daß niemand weiß, daß ich Rumpelstilzchen heiß'.« Er zerreißt sich, als die junge Königin seinen Namen ausspricht. Sie darf ihr Kind behalten, weil sie den richtigen Namen gefunden hat. Der Name ist im Märchen so wichtig, daß er über Leben und Tod entscheidet. Er wird zum Gegenstand aller Verhandlungen.

In einer anderen Märchensammlung, den Geschichten von Tausendundeiner Nacht, rettet sich Sheherazade nur durch das Geschichtenerzählen vor dem Tod. Sie erzählt tausendundeine Nacht lang orientalische Legenden, die heute weit über den Orient hinaus bekannt sind. »Wer ihren Geschichten lauscht, der ist wie im Zauberbann«, erfährt der Leser. Ihr Name klingt für uns wie ein Versprechen aus längst vergangenen Zeiten, und ihre Worte fesseln uns noch heute. Auch die Zauberformel Ali Babas ist weltweit bekannt: »Sesam öffne dich!« Nur wer die Zauberformel, das richtige Wort, kennt, kann die Tür zur Schatzkammer öffnen.

Magier in allen Ländern verwenden Formeln, die aus klangvollen Buchstabenkombinationen bestehen und die bewirken, daß sich die Welt verändert. Das Zauberwort Abrakadabra wird zum Beispiel bereits im 3. Jahrhundert von dem Mediziner Quintus Serenus Sammonicus als Schutzformel gegen Krankheiten erwähnt: Der Kranke wird gesund, wenn man das Wort mehrmals hintereinander aufschreibt und jeweils den letzten Buchstaben wegläßt, bis nur noch das A übrigbleibt. Auch die Weltreligionen besitzen ausnahmslos Beschwörungsformeln: Amen, Allah oder Hare Om.

Namensgebung in Romanen ist meist nicht zufällig. Namen sind Programm, denn sie spiegeln die Persönlichkeit, aber auch die inneren Konflikte der Protagonisten wider. In Thomas Manns Roman *Tonio Kröger* etwa manifestiert sich die innere Zerrissenheit des Protagonisten auch in dessen Namen. Die Diskrepanz zwischen seinem künstlerisch-italienischen Vornamen und seinem traditionsreichen deutschen Nachnamen entspricht im Roman der Unvereinbarkeit der absoluten Gegensätze von Künstlerwelt und Bürgertum.

In Marcel Prousts Lebenswerk, dem Roman *Auf der Suche nach der verlorenen Zeit*, tragen Eigennamen (Balbec, Guermantes, Combray etc.) die Handlung. Sie wecken Erinnerungen, erzählen Geschichten und lassen den Protagonisten die Vergangenheit wiederfinden. »Ein Name ist eine reelle Atmosphäre, in die ich eintauche«, sagt Proust. Namen zu verstehen bedeutet für ihn, die Welt zu verstehen. Namen sind nicht willkürlich oder zufällig, sondern beinhalten immer eine Aussage. Auf der ersten Stufe sind sie ein Spiegel der Realität, und darüber hinaus beflügeln sie die menschliche Phantasie, indem sie eine Gedankenwelt entstehen lassen.

Die Wichtigkeit von Wörtern und Namen hat im Dadaismus, einer der surrealistischen Künstlerbewegungen zu Anfang dieses Jahrhunderts, eine zentrale Rolle gespielt. Der Begriff Dada stammt aus der Kindersprache. Der Name ist Programm, denn der Dadaist sieht die Wirklichkeit und mit ihr auch die Sprache unvoreingenommen wie ein Kind. Im Dadaismus sind der Phantasie keine Grenzen gesetzt; Wörter und Namen sind frei, sie haben keine festgelegte Bedeutung mehr, sondern können individuell mit Inhalt und Sinn gefüllt werden.

Einem Kind einen Namen zu geben, das bedeutet auch, eine große Verantwortung auf sich zu nehmen, denn der Name wird den Menschen ein Leben lang begleiten. Der Name ist der treueste Begleiter des Menschen, der ihn als Individuum identifiziert und ihn von anderen Menschen unterscheidet. »Für jeden Menschen ist sein Name das schönste und bedeutungsvollste Wort in seinem Sprachschatz«, sagt Carnegie. Bei der Wahl eines Namens muß man dessen Stärken und Schwächen sorgfältig abwägen, denn an den Namen werden immer hohe Erwartungen geknüpft. Wenn wir einen Menschen kennenlernen, ist es für uns wichtig zu wissen, wie er heißt, da wir, wenn auch vielleicht unbewußt, immer vom Namen auf die Persönlichkeit schließen. Erscheint uns der Name sympathisch, fassen wir Vertrauen zu der Person, die diesen Namen trägt; und nicht ohne Grund sagt man im Deutschen, daß man »mit seinem Namen für eine Sache bürgt«.

Namensvergabe ist laut Nietzsche eine Form der Machtausübung. Theoretisch existiert ein Monopol der Namensvergabe: Sprache ist Sache einer wie auch immer gearteten Obrigkeit. Tatsächlich aber sind es die Menschen, die Namen akzeptieren und verwenden müssen und ihnen somit Autorität verleihen. Benennen heißt immer auch in Besitz nehmen. Dies trifft nicht nur auf den zwischenmenschlichen Bereich zu, sondern zeigt sich auch in der Geographie, der Astronomie, der Physik oder der Botanik. Den entdeckten Ort zu benennen, war das erste, was Eroberer taten, um diesen in Besitz zu nehmen. Oft gaben Eroberer den Orten, die sie entdeckten oder gründeten, ihre eigenen Namen. Alexander der Große gründete Alexandria, Amerigo Vespucci war der Taufpate Amerikas, und Kolumbien wurde nach Christoph Kolumbus benannt. Louisiana erhielt diesen Namen, um König Ludwig XIV zu ehren, und Galilei, der 1610 die Satelliten des Jupiters entdeckte, nannte sie Medicus, als Hommage an die Medici.

Ein Eigenname bezeichnet immer etwas Einzigartiges; allerdings kann ein Eigenname manchmal auch zu einem allgemeinen Wort werden. Die Rhetorik nennt den Vorgang Antonomase. Beispielsweise förderte ein Günstling des Kaisers Augustus namens Maecenas die Künstler seines Landes. Heute ist Mäzen ein durchaus geläufiges Wort in unserer Sprache, das vielfältig verwendet wird: Mäzen eines Unternehmens, Mäzen einer Veranstaltung, etc. Wenn man von einem Menschen sagt »Er ist ein Judas« oder »Er ist ein Casanova«, dann spielt man auf Eigenschaften an, die eng mit bekannten Persönlichkeiten (historisch, mythologisch oder literarisch) verbunden sind. Man appelliert so an einen kulturellen Kode, der sich unserem Gesprächspartner bei gleichem Hintergrund mitteilt und hilft, uns zu klassifizieren (Bibel gelesen o. ä.). Die Lebendigkeit und Fülle, die von einem Eigennamen anstelle eines Adjektivs ausgeht, stellt darüber hinaus eine enorme Bereicherung des Gesprächs dar.

Die angestellten Überlegungen lassen sich ohne weiteres auf Markennamen übertragen. Unternehmer haben für ihre Produkte die gleiche Verantwortung wie Eltern für ihre Kinder. Ein Markenname sollte deshalb sorgfältig ausgewählt werden, denn er wird die Visitenkarte für das Produkt sein. Ein starker Name trifft die Sensibilität des Zuhörers. Er klingt in uns nach, er läßt uns träumen, wir erinnern uns gerne an ihn. Wir begegnen ihm gerne wieder. Ein Name ist verheißungsvoll, ähnlich wie eine gut zusammengestellte Speisekarte, die unseren Appetit anregt. Der Markenname ist es, der es beispielsweise ermöglicht, nicht einfach ein Pfund Fleisch, sondern den Vorgeschmack auf ein zartes Cordon Bleu zu verkaufen.

Bei der Namensentwicklung gibt es Regeln und Zwänge, denen wir uns als Marketing-Spezialisten, Juristen oder Linguisten unterwerfen müssen. Im Gegensatz zum Zivilstaat der Menschen beispielsweise erlaubt der Zivilstaat der Markennamen keine Doppelung: Menschen können denselben Namen tragen, zwei Marken in ein und derselben Branche dagegen nicht.

Doch diese Zwänge bedeuten für den Namensspezialisten gleichzeitig eine Herausforderung seiner poetischen Kreativität und seiner Phantasie. Unkonventionelle Gedankenwege und kreative Neologismen sind nicht nur erlaubt, sondern sogar erforderlich.

Brigitte Martinez-Haas, M.A. phil.
Projektleiterin Nomen Düsseldorf

1. Namen und Marken

Die Terminologie im Bereich der Namen und Marken ist nicht eindeutig festgelegt und kann sich von Fall zu Fall unterscheiden. So spricht man beispielsweise parallel von Namensrecherche und von Markenkreation. Von daher macht es Sinn, einen Moment lang das Wort Marke zu betrachten.

Auf juristischer Ebene ist die Marke ein schutzfähiges Zeichen, das dazu geeignet ist, Waren oder Dienstleistungen eines Unternehmens von denjenigen anderer Unternehmen zu unterscheiden. Schutzfähig sind laut dem neuen bundesdeutschen Markenrecht vom 1. Januar 1995 nach §3 Wörter (einschließlich Personennamen), Abbildungen, Buchstaben, Zahlen, Hörzeichen, dreidimensionale Gestaltungen einschließlich der Form einer Ware oder ihrer Verpackung sowie sonstige Aufmachungen wie Farben oder Farbzusammenstellungen.

Die Marke umfaßt also den Markennamen selbst, den Markennamen in seiner graphischen Darstellung (Logo), das zur Marke gehörige Emblem und seine Bilder (wie beispielsweise den Mercedes-Stern).

Eine weitere Schwierigkeit ergibt sich aus der engen Zusammengehörigkeit von Produkt und Marke, so daß das Wort Marke manchmal benutzt wird, wenn eigentlich das Produkt gemeint ist. Wird ein Markenname genannt, ist es schwierig, ihn von seinem Image zu trennen. Demzufolge wird eine Abhandlung über die großen Marken immer auch eine Darstellung von erfolgreichen Produkten sein.

Früher sprach man juristisch von Warenzeichen und im Marketing von Marken. Heute, nach Inkrafttreten des neuen Markenrechts, gelten Markenrecht und Markenname als juristische und als Marketing-Fachtermini. Auch im Englischen wird zwischen »trade mark«, dem juristischen Begriff, und

»brandname«, dem Fachwort im Marketing, unterschieden. In Italien steht marca für die juristische Marke und »marchio« für die Marke als Ganzes (Name, Logo, Emblem). In Frankreich ist der Unterschied nicht klar, alles heißt »marque«.

Es erscheint sinnvoll, von Markennamen zu sprechen, wenn es um den bloßen Namen geht, und das Wort Marke zu benutzen, wenn es um den Namen und seine graphische Umsetzung (eventuell mit dazugehörigen Emblemen) geht. Die rein visuellen Elemente sollten nicht in diese Definition einfließen, auch wenn man sie als Markenzeichen registrieren lassen kann und sie – historisch betrachtet – den Markennamen vorangehen.

Der Name verleiht das Image

Der Name verleiht eine Identität. Wie ist das zu verstehen?

Zunächst einmal drückt der Name eine Einzigartigkeit aus. Er unterscheidet und festigt das Sein, schützt es vor Verwechslungen, widerrechtlicher Aneignung und Störung durch andere. Der Name erfüllt das Bedürfnis nach Dauerhaftigkeit, das im Gegensatz zum Ablauf der Zeit steht. Schließlich erlaubt der Name im besten Fall Ansehen und Respekt jenseits des äußeren Scheins.

Namen werden vergeben an etwas:

• das von sich aus eine Individualität besitzt,
• in dem man Individualität erkennen kann,
• von dem man möchte, daß es eine Individualität erhält.

Es muß sich nicht unbedingt um ein einzelnes Individuum handeln, es kann auch eine Art, ein Typus sein, von dem es verschiedene Exemplare und vielfältige Erscheinungsformen gibt.

Ähnlich verhält es sich mit Industrieprodukten. Der Name individualisiert den Typ, das Modell. Um zu einem einzigartigen Objekt zu kommen, gibt es verschiedene Möglichkeiten, und deren geläufigste ist sicherlich die Nummer innerhalb einer Serie, vor allem, wenn es sich um Produkte mit Garantieanspruch handelt.

Dem Modell einen Namen geben bedeutet, ihm eine Referenz zu verleihen. Dadurch wird es aus der Undeutlichkeit, die mit Anonymität verbunden ist, herausgehoben. Aber nicht nur das: Einem Produkt einen recherchierten, ästhetischen Namen zu geben ist eine Form des Respekts gegenüber dem Verbraucher, eine zusätzliche Aufmerksamkeit. Der Name ist in gewisser Weise mit Geschenkpapier zu vergleichen: eine zusätzliche Aufmerksamkeit, ein glücklicher Fund, ein poetischer Beigeschmack. Er ist die Eintrittskarte für die Kommunikation. Einen Namen haben heißt, die Macht zu besitzen, präsentiert und genannt werden zu können. Es ist eine Höflichkeitsgeste, einem Produkt einen wohlklingenden, merkfähigen, eventuell auch amüsanten Namen zu geben. Er ermöglicht es, sich feiner und diskreter, da indirekter, an den Verbraucher zu wenden, als es mit der Befehlsform eines Slogans möglich ist. *Der Vorteil des Namens ist es, etwas auszudrücken, ohne es zu sagen. Oder besser: etwas zwar nicht stillschweigend, aber ohne Bekräftigung zu sagen.*

Der Name beinhaltet den Aspekt der Präsentation, der zugleich ein Versprechen für die künftige Beziehung ist. Durch seinen Namen sagt die Person (und dementsprechend das Objekt): »Voilà, so bin ich, so werde ich für Sie sein, wenn Sie es wünschen.«

Der Name – zugleich präzise in seiner Bezeichnung und unbestimmt in seinen Assoziationen – repräsentiert auch die Verschwommenheit eines Traumes und die Aura der Vorstellungskraft, die das Produkt, von dem er herzurühren scheint, mit einem Nimbus umgeben. Denn man vergißt, daß er »vergeben« wurde. Um so mehr, als der Name durch den Kauf des Produktes in Erinnerung bleibt und ständig zur Verfügung steht. Als Geschöpf der Sprache kann er auf die erweckten Wünsche, auf das Bedürfnis nach einer Steigerung des Vergnügens jenseits des Nützlichen antworten oder – wie wir gleich sehen werden – sie hervorbringen.

Folgende Funktionen des Namens lassen sich bisher festhalten: Er verleiht dem Namenlosen eine Identität, er drückt diese Identität aus, er kündigt sie folglich an, und schließlich macht er begehrenswert.

So kann man eine zweigeteilte Bewegung in der Benennung feststellen. Der Namensgeber versucht zum einen, den Namen dem Wesen des Namenlosen, das er ausdrücken möchte, anzupassen. Er gibt sozusagen sprachlichen Beistand. Außerdem will er den Namen an das Bild anpassen, das er von dem Namenlosen schaffen möchte – das Bild, d.h. das Wesen, so wie es sich dem anderen darstellt. Dies wird der Name ausstrahlen, er wird es ausdrücken. Durch den Namen wird das Wesen des zu benennenden Produktes zu einem beispielhaften Erzeugnis hervorgehoben.

Es läßt sich noch eine dritte ähnliche Tendenz festhalten. Es existiert eine Form der dialektischen Verbindung zwischen dem Namen und dem benannten Objekt. Das Wissen um die Natur des Objektes sowie seine Eigenschaften und Erscheinungsformen reflektieren sich in dem, was durch den Namen wahrgenommen wird. Greifen wir zu einem einfachen, aber treffenden Beispiel: Eigennamen von Personen sind auch – sehr häufig – zu Markennamen geworden (ohne daß sie aufgehört hätten, Eigennamen zu bleiben). Nichts – nichts oder nur sehr wenig, pardon! – hat die Berufung und das Talent der Namensträger, zu einem gegebenen Zeitpunkt aus dem »Geschlecht« oder dem Familiennamen Autobezeichnungen zu machen, vorherbestimmt: ADAM OPEL, FERDINAND PORSCHE, ENZO FERRARI oder HENRY FORD. Die Namen dieser Schöpfer sind unabänderliche Hinweise auf eine Epoche von Qualitätsautomodellen (Sport oder Luxus) geworden und stehen für beständige Dauerhaftigkeit oder aufsehenerregende Leistungen.

Diese Namen regen auf eine allgemeine Weise an, sie überdauern und sind merkfähig. Sie erhalten ihren Wert sowohl durch ihre eigenen, klanglichen Vorzüge als auch durch Assoziationen der Erinnerung. Als Wächter der Erinnerung ruft der Name eine Erwartung hervor, er schafft eine Hingabe, den Wunsch, etwas wiederzufinden.

Ziehen wir also eine erste Schlußfolgerung: *Der Name verkauft. In dem Moment, in dem man ein Produkt kauft, kauft man auch den Namen. Der Markenname ist keine äußerliche, belanglose Bezeichnung. Er gehört zum benannten Produkt.*

Der Name ist nicht nur im Moment der Kaufentscheidung für ein bestimmtes Produkt oder eine Dienstleistung von Bedeutung, sondern auch während des Gebrauchs, ähnlich wie eine Melodie, die uns begleitet. Wenn das Objekt fehlt oder wenn wir den Namen auf eine Liste eintragen und dann suchen, erleichtert uns der Name das Finden. Während der ganzen Zeit agiert der Markenname. Er verläßt sich darauf, daß man ihn überall wiedererkennt: auf einem Plakat, bei einer mündlichen Empfehlung oder einer Bestellung, in einer Anzeige, in einem Werbefilm im Fernsehen oder Kino oder in einem Radiospot. Der Markenname schafft Treue.

Wie kann ein neues Produkt bekannt werden? Wie können sich vergleichbare und benachbarte Produkte voneinander unterscheiden?

Der Markenname ist ein unabdingbares Mittel, wenn es darum geht, wiedererkennbar und unterscheidbar zu sein. Etwas ist entscheidend: Man muß den Verbraucher davon überzeugen, etwas Unbekanntes auszuprobieren. Demnach ist es der Name, der »ihm etwas sagt« oder »der ihm nichts sagt«. Ob nun die Beweggründe als solche vernünftig sind oder nicht, der

Name weckt entweder Lust oder nimmt sie. Ist der Name gut, so regt er an, ist er mittelmäßig, so schreckt er ab.

Ein modernes Produkt muß erkennbar sein, und zwar in zweierlei Hinsicht. Zunächst muß es – ganz im herkömmlichen Sinn des Wortes – unterscheidbar sein und seine Konturen klar darstellen. Außerdem muß es sich aber auch im Wettbewerb hervorheben können: besser sein, den Mitbewerbern ein Stück voraus sein.

Der Markenname macht bemerkbar. Er erhellt, verleiht Brillanz. Er muß alle Aspekte würdigen, die das Produktwesen ausmachen: seinen Primärnutzen und seinen möglichen emotionalen, symbolischen oder identifikatorischen Zusatznutzen.

Die Marke als Zeichen

Wir hören immer wieder: »Das ist eine gute Marke« oder »Dieser Marke kann man vertrauen«. So verstanden ist eine Marke weniger das Unternehmen als Gebilde oder als Herkunftsort des Produktes, sondern vielmehr der Ursprung, die Qualitätsgarantie, verbunden mit Know-how und Überwachung des Produktionsprozesses. Das Unternehmen wird zum markanten Zeichen für sein Produkt, es markiert, es hat einen Ruf. Die Unterschrift wird zum Label.

Was also ist eine Marke? Betrachtet man zunächst die allgemeine Bedeutung des Wortes, so erhält man eine Hilfestellung für das Verständnis des Sprachgebrauches in Verbindung mit Unternehmen und Produkten. (Abbildung 1)

Die Marke ist eigentlich ein Vermerk der Unterscheidung, ein Zeichen, ein Wort, eine Figur, eine Kerbe etc. Sie dient dazu, eine Sache (Objekt, Funktion) wiederzuerkennen, diese zu unterscheiden, zu identifizieren.

Aus dem Mittelalter kennen wir den Markstein, der einen besonderen Punkt kennzeichnet und ab dem 10. Jahrhundert als Grenzmarkierung benutzt wird. Das Wort »Marke« gibt es im Deutschen seit dem 17. Jahrhundert, um ein Zeichen auf einer Ware zu benennen. »Marke« leitete sich ab aus dem französischen Verb »marquer« (kennzeichnen). Die Etymologie zu »merken« liegt nahe, denn wir versehen etwas mit einem Zeichen, um es im Gedächtnis zu behalten und von anderen Dingen unterscheiden zu können. Wir kennen »Marke« auch als Ausdruck für die Briefmarke, für einen seltsamen oder komi-

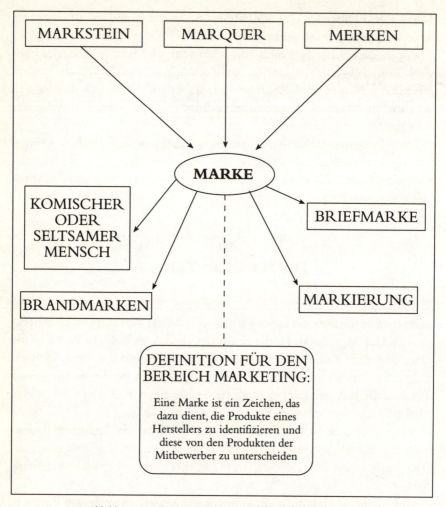

Abbildung 1: Allgemeine Bedeutung des Wortes *Marke*
Quelle: NOMEN International Deutschland GmbH, Düsseldorf

schen Menschen oder für eine Markierung an einer bestimmten Stelle. Im ursprünglichen Sinn ist »Marke« also ein Zeichen. Man markiert etwas, wenn man etwas besonders hervorheben will. Besonders deutlich wird es beim Verb »brandmarken«, was ursprünglich das Einbrennen eines Zeichens auf ein Tier bedeutete. Heute verwenden wir es auch im Sinne von kennzeichnen und bloßstellen: Der Verbrecher wird gebrandmarkt.

Im alltäglichen und trivialen Sinn des Wortes markiert jedes Lebewesen sein Umfeld, um es mit Merkmalen zu versehen, sich daran zu erinnern, es sich anzueignen, um sich anderen mitzuteilen: Zeichen auf einem Buch, Zeichen in der Wäsche (gestickte Initialen, Zahlen), ein Land oder eine Grenze werden markiert, Fischgründe oder kleine Seewege werden im Meer durch Bojen markiert. Die Marke ist zugleich auch eine Unterschrift, ein Siegel: Ein Stempel wird auf ein Dokument gesetzt, um es authentisch zu machen.

Betrachten wir noch ein paar Beispiele aus dem Sprachgebrauch: Markieren, das bedeutet zugleich unterscheiden und schätzen, auf Ehre oder Schande hinweisen. Schauspieler, Maler, Sänger oder auch ein Lieblingslehrer können ihr Markenzeichen haben, d.h. eine individuelle Besonderheit, die sie einzigartig werden läßt und von der Menge abhebt. In familiärem Ton titulieren wir mitunter einen originellen, frechen und eigenwilligen Menschen mit: »Das ist vielleicht 'ne Marke« und begeben uns damit auf den schmalen Pfad zwischen Lob und resignierender Kritik. Dennoch ist der Sinn des Wortes im Marketing eher positiv: »Marke« ist ein Synonym für beste Qualität; wir sprechen von Markenprodukten als etwas Absolutem, ohne zu präzisieren, was wir meinen.

Markieren wird immer ein Synonym für *anzeigen, offenbaren, ausdrücken* bleiben. Wir hören z.B.: »Das ist ein Zeichen Ihres schlechten Charakters.« Wir zeigen unsere Bewunderung, Mißbilligung, unser Mißtrauen, um den anderen darauf hinzuweisen, um es ihn wissen zu lassen. Wir führen eine Unterscheidung in den Gleichklang der Kontinuität ein, einen Akzent in die Melodie, ein Stoppzeichen, eine Pause.

Die Frage nach der Referenz

Benennen als Taufakt ist die erste Etappe – gleichgültig, ob man auf einen existierenden und zur Verfügung stehenden Namen zurückgreift oder ob man eigens einen Namen für das zu benennende Objekt erfindet. Es ist ein entscheidender Antrittsakt, der jedoch nicht die Sprache als Ganzes, sondern nur eine Vorbedingung, um jene in Szene setzen zu können, darstellt. Dies wird dann durch den Namen geleistet. Der Name wird erst durch seinen Gebrauch zu einem vollständigen Namen.

Mit Hilfe des Namens, wie auch mit der von Pronomen, Anaphern, Beschreibungen, bezieht man sich auf ein Objekt oder auf einen Typus von

Objekten. Die Referenz ist keine unbedeutende, philosophische Sache. Der Erfolg der einzelnen Referenz, der genauen Identifizierung, vollzieht sich nicht ohne den Hauch eines Zweifels. Philosophen haben sich seit dem Altertum mit der Frage auseinandergesetzt, ob die Worte, die Ausdrücke in sich selbst einen Bezug haben oder nicht. Es sind wohl nicht die Ausdrücke selbst, sondern die Menschen, die durch das Mittel des Ausdruckes eine Beziehung herstellen. Der Gebrauch ist also ursprünglich. Jeder, der einen Namen erfindet, muß sich fragen: Welcher Gebrauch wird von diesem Namen gemacht werden?

Die Pragmatik zeigt, daß jede Kommunikation in einem Kontext, d.h. unter bestimmten Umständen wie Ort, Zeit, Identität der Sprecher, Charakterisierung der Situation (Beispiel: ein Scherz, eine ernsthafte Diskussion, ein Verkaufsgespräch, eine vertrauliche Mitteilung), vor dem Hintergrund von mehr oder weniger gemeinsamen Voraussetzungen und gleichem Wissensstand beider Sprecher entsteht. Auf dieser Basis vollziehen sich Interpretationen, das Verständnis der Nachrichten und die Identifikation von Referenzen.

Die Kreation von Namen ist Teil eines komplexen Kommunikationsspiels, das auf verschiedenen Ebenen durchgeführt wird:

1. Der Produktname muß auf Grund eines durch den Gebrauch bekannten Kontextes erfolgreich sein können.
2. Der Produktname begründet einen gemeinsamen Kommunikationsprozeß zwischen denjenigen, die die Namen für das Produkt vorschlagen und denjenigen, denen sie vorgeschlagen werden.
3. Der Erfolg des Produktnamens ist das eine. Aber es geht nicht nur um die Identifizierung, sondern auch darum, die Eigenschaften und Qualitäten des Produktes zu vermitteln.
4. Die Botschaft des Produktnamens sagt nicht alles, sie eröffnet ein Spiel mit mehr oder weniger beherrschbaren, »manipulierbaren« Konnotationen, die die Sensibilität des Konsumenten ansprechen.

Die Namensschöpfer arbeiten auf diesen vier Ebenen.

Die Botschaft der Firmennamen

Was ist ein Firmenname? Wörtlich genommen ist er ein Zeichen, aber auch eine Information. Er teilt uns mit, was an dem Ort, an dem er angebracht ist, geschieht. Er ist ein hinweisendes Zeichen, dessen Wirksamkeit von seiner steten Wiederholung abhängt. Seine Funktion ist es, auf einen Kontext, eine Situation hinzuweisen. Hier gibt es diese Aktivität oder dieses Produkt.

Firmenzeichen setzen sich aus verschiedenen Elementen zusammen: Wörtern; gemalten oder ausgeschnittenen Figuren (aus Holz, Blech, Plastik); Leuchtschildern mit Anspielungen auf eine oder mehrere dieser Elemente.

HAARSCHARF
(HAARSTUDIO)

TALKING HEADS
(FRISEUR)

DER SETZKASTEN
(FOTOSATZ)

RAD AB
(FAHRRADLADEN)

SACCO & VANZETTI
(BOUTIQUE)

CONFETTY
(GESCHENKARTIKEL)

MONIAL
(REISEBÜRO)

MARKTWIRTSCHAFT
(GASTRONOMIE)

ARTISOCKE
(SOCKENLADEN)

FERNWEH
(REISEBÜRO)

HAARGENAU
(HAARSTUDIO)

BONNIE & KLEID
(BOUTIQUE)

BÜCHERWURM
(BUCHHANDLUNG)

Abbildung 2: Originelle Firmennamen
Quelle: NOMEN International Deutschland GmbH, Düsseldorf

Die Wörter können generisch sein: Bäckerei, Juwelier etc. In vielen Fällen sucht man aber in dem Firmennamen nach Originalität (siehe Abbildung 2). So finden wir eine Buchhandlung mit dem Namen BÜCHER-
WURM, Haarstudios mit Namen wie HAARSCHARF, TALKING HEADS,
FIGARO oder HAARGENAU, Boutiquen, die sich nach SACCO & VAN-
ZETTI oder BONNIE & KLEID benannt haben, oder auch Reisebüros
mit Namen wie FERNWEH, BLITZ-REISEN, DIE REISEKISTE und
HALLO. Ein Düsseldorfer Sockengeschäft nennt sich ARTISOCKE. Dies
gleicht einer Form der Aufmerksamkeit, so als habe man einen Tisch schön
gedeckt, um ihn anziehender zu machen.

Aus diesen Gründen haben viele Buchhandlungen, Theater, Kinos, Friseur-
salons, Parfümerien, Cafés ausgesuchte Namen, die dem Kunden ein bestimmtes Image suggerieren.

2. Die Eigenschaften der Marke

Die Marke hat viele Formen, da sie aus verschiedenen Zeichen zusammengesetzt ist:

- ein benennendes Zeichen: der Markenname, das verbale Element der Marke, wie zum Beispiel der Name Mercedes-Benz;
- ein halb-figuratives Zeichen: das Logo, das die Marke visuell darstellt, wie der Mercedes-Schriftzug;
- ein figuratives Zeichen (gegebenenfalls): das Emblem, das die Marke repräsentiert, wie der Mercedes-Stern.

Die Marke kann von einer Absendermarke begleitet werden, die dazu dient, den Ruf des Unternehmens oder die Funktion des gewählten Produktes zu präzisieren. Für den Käufer bedeutet dies in der Regel eine hohe Qualitätsgarantie. Auch das charakteristische Design eines Produktes oder seiner Verpackung hat eine unterscheidende Funktion, beispielsweise die Odol-Flasche; dies ist jedoch Gegenstand andersartiger Überlegungen und Entscheidungen.

Die Marke hat viele Attribute, denn jedes ihrer Bestandteile spielt eine spezifische Rolle. Der Markenname ist das zentrale Element der Produktidentifizierung und unterstützt mündliche oder schriftliche Informationen, die über das Produkt verbreitet werden. Er allein steht zur Verfügung bei einer Bestellung am Telefon, bei der mündlichen Weiterempfehlung, auf einer Kaufliste, an der Verkaufstheke oder in der Radiowerbung.

Die Bestandteile der Marke

Das Hauptcharakteristikum der Marke, das am häufigsten erwähnt wird, ist ihre nominale Form. Es handelt sich dabei in der Tat um die Essenz des Markenkonzeptes, wenn auch – historisch betrachtet – die graphische Marke die älteste Form ist.

Zur Bestimmung eines Unternehmens oder seiner Produkte ist eine Benennung des Produktes notwendig, die eine leichte auditive oder visuelle Identifizierung erlaubt. Dies kann in Form eines Namens oder einer Abkürzung geschehen und wird in einer spezifischen, graphischen Form benutzt. Gegebenenfalls wird der Name von einem Emblem begleitet, um ihm so einen unterscheidenden Wert oder – dank seiner figurativen Bestandteile – eine zusätzliche Symbolik zu verleihen.

Verbale Bestandteile

Der Markenname

Eine rasche Untersuchung der Markennamen, die unser tägliches Leben begleiten, zeigt, daß die von den Unternehmen benutzten Namen ganz unterschiedlicher Art sind:

Viele Namen bestehen aus einem Wort oder aus zwei Wörtern:

Eigennamen

- Familiennamen: MICHELIN, FALKE, OTTO, BAHLSEN, BOSS;
- Mythologische Namen: HERMES, NIKE, AJAX;
- Historische Namen: NAPOLEON, FÜRST METTERNICH;
- Personennamen: ARIEL, MERCEDES;
- Geographische Namen: MONT BLANC, ROMA, FULDA REIFEN, SUMATRA RAIN.

Namen aus dem Wortschatz (deutsch oder ausländisch):

- Substantive: ELEMENTS, ICEBERG, PLUS, SIGNAL, SCULPTURE, EXPOSÉ, STERN, FROSCH;
- Adjektive: KUSCHELWEICH, MILD & FINE, IM NU, EGOÏSTE;
- Verben: WOHNEN&IDEEN, WISCH&WEG, MACH MIT.

Namen ohne Bedeutung:

- Willkürliche Namen: OMO, ATA, ILOÉ, XANTIA, SAMSARA, SHALIMAR, ISSIMA;
- Semantisierte Worte: SWATCH, AERISTO, SUPPORTAN;
- Lautmalereien: CRUNCHY NUTS, CHOCO CROSSIES, MAOAM, Ô DE LANCÔME.

Die Marke kann sich aus mehreren Wörtern zusammensetzen; die Zusammensetzungen können unterschiedlich strukturiert sein:

Ein kurzer Satz oder Satzteil: C'EST LA VIE, TERRE DES HOMMES;
- Eine Devise: NOMEN EST OMEN, ESPRIT DE CORPS;
- Wortgruppe: CLUB MÉDITERRANÉE, ROTES KREUZ, SUN MOON STARS;
- Nebeneinanderstellung von Namen: COLGATE PALMOLIVE, DAIMLER-BENZ, KRAFT JACOBS SUCHARD;

Alle verbalen Kompositionen sind als Marke verwendbar. Eine Firma kann jedoch auch Zahlen (numerische Marken) einsetzen, um ihre Produkte identifizierbar zu machen: Nr. 5 oder Nr. 19 von CHANEL, PEUGEOT 205, Parfüm 4711.

Die Abkürzung

Der Ursprung einer Abkürzung ist häufig die Zusammenziehung eines Namens oder einer Firmenbezeichnung, die aus mehreren Worten besteht und die im Hinblick auf die Lektüre, die Aussprache und die Merkfähigkeit als zu lang erachtet wird, wie bei BDF anstatt von BEIERSDORF. Tatsächlich ist es einfacher, von BMW als von den Bayerischen Motorenwerken zu reden.

Die Abkürzung ist oft das Resultat (Wirkung) eines Namens, der zu lang und schwer aussprechbar ist (Ursache), ob es nun um einzelne Buchstaben (BMW, AEG, BASF) geht, oder ob es sich um Abkürzungen handelt, die wiederum ein neugebildetes, aussprechbares Wort (Akronym genannt) benennen: AGFA (Aktiengesellschaft für Anilinfabrikation), CUBIS (Creative Unternehmen aus der Branche Innovativer Systeme, siehe Foto A: CUBIS).

Es kann auch das Anliegen von Namensschöpfern sein, zunächst eine Abkürzung zu kreieren und dieser später eine Bedeutung zuzuordnen, wie dies bei CUBIS geschehen ist. In diesem Falle wäre die gewünschte Wirkung phonetischer oder lexikalischer Natur.

Es ist ohne weiteres möglich, eine Abkürzung, die keine Bedeutung hat, oder ein Akronym zu erfinden, das eine gleichlautende Ähnlichkeit mit einem gebräuchlichen Wort aufweist und somit seine Akzeptanz und Merkfähigkeit begünstigt (z.B. HERO, Konserven von HENCKELL und ROTH).

Folglich kann man zwei große Gruppen der Abkürzung unterscheiden:

- Kürzel, deren Ziel die leichte Identifizierung und Merkfähigkeit einer Firma oder eines Produktes durch eine erleichterte Lesart und Aussprache ist. Sie entstehen aus einer Zusammenziehung des Namens, z.B.: BMW, IC, EC, AEG, DB, XXL.
- Akronyme: Zum einen die, die einfach aussprechbar sind als neugebildetes Wort ohne Bedeutung: AGFA, ESSO, DASA. Zum anderen die, die ein neues Wort mit Bedeutung bilden: HERO, CUBIS, XS (excess).

Das Charakteristikum der Abkürzung ist ihre Fähigkeit, eine Distanzierung vom Ursprung der Firma oder ihrer Aktivität zu ermöglichen (oder zu erlauben). Folglich besitzt die Abkürzung mehrere Vorteile: schnelle Lektüre (Lesbarkeit), Kürze sowie die Möglichkeit, den Namen vom eigentlichen Metier des Unternehmens loszulösen, um dieses nicht zu sehr einzuengen. Denken wir nur an die BASF-Kassetten: Was haben sie mit Soda und Anilin zu tun?

Die Tatsache, daß eine Firma oder ein Produkt über den Namen identifizierbar sein sollte, darf nicht vergessen lassen, daß das eigentliche Merkmal der Marke ihr unterscheidender Charakter ist.

Es gibt eine Form der Namensschöpfung, die darin besteht, einen Namen aufgrund der Leistung oder des Bereiches zu wählen. Das kennen wir aus dem Bereich der Fernsehzeitschriften TV PUR, TV MORE, TV TODAY etc.

Die Abkürzungsmanie wird durch den Wunsch, den Vorteil einer Abkürzung gegenüber einem Namen anzunehmen, charakterisiert. Dies ist eine gefährliche Annahme, da Abkürzungen, insbesondere einfache Kürzel, ihren Sinn verdecken. Der Unternehmensname muß bekannt sein, bevor man eine Abkürzung benutzt, die eine Referenz darstellt. So weiß heute noch jeder Autofahrer, daß BMW für die Bayrischen Motorenwerke steht und zumindest jeder Pfälzer kann BASF in Badische Anilin- und Soda-Fabrik übersetzen. Die Rückkehr zur Abkürzung ist eine Frage der Zeit und des Erfolges. Weitverbreitet ist diese Abkürzungsmanie in einigen Bereichen, wie z.B. in der Informatik oder in Werbeagenturen. Gerade am Beispiel der Werbeagenturen sehen wir auch die Nachteile von einfachen Kürzeln: BB-DO, DBB, DMBB, BMZ!FCA, BMO sind schlecht zu merken und sehr verwechslungsfähig. Außerdem haben solche Kürzel keinen semantischen Inhalt und damit keine Möglichkeit, über Assoziationen Emotionen auszulösen. CK1 für ein Parfüm klingt eben wesentlich kälter als OBSESSION oder EXTASY.

Figurative Bestandteile

Die Benennung (Name oder Abkürzung) ist nicht nur ein Element der Identifizierung; der unterscheidende Charakter einer Firma oder deren Produkte entsteht auch aus den figurativen Bestandteilen der Marke, dessen grundlegende Formen das Logo, das Emblem und das Produktdesign sind.

Das Logo

Das Logo ist die visuelle Darstellung des Namens. Es soll dessen Attribute unterstreichen, damit eine Wiedererkennung und eine leichte Lesbarkeit ermöglicht wird. Vor diesem Hintergrund ist es manchmal interessant, Palindrome, also Wörter, die sich vorwärts und rückwärts lesen lassen, als Marke zu kreieren: ATA, OMO, OXO, MAOAM.

Jedes Logo unterscheidet sich durch:

* die Typographie und die Kalligraphie;
* die Farbe oder das Zusammenspiel verschiedener Farben;
* das Vorhandensein rein figurativer Elemente (Unterstreichungen, Striche, Bögen, Winkel, Auslassungszeichen wie bei MEIN MILD'OR...).

All diese Elemente entwickeln sich mit den Unternehmen, ihren Produkten und ihrem Umfeld und tragen zu deren Image bei. Wir können vier Formen des Logos unterscheiden:

* Das einfache Logo: Es ist der reinste Ausdruck des Markennamens und besteht aus einem bestimmten Schrifttyp und einer unterscheidenden und eigenen Kalligraphie (COCA-COLA).

- Das komplexe Logo: Die Schreibart des Namens ist charakteristisch, ist aber in ein einfaches, visuelles Symbol (rund, eckig, oval, rautenförmig...) eingebettet (BOGNER mit dem charakteristischen Bogen über dem Namen).
- Der Abkürzungstyp: Die visuelle Darstellung einer Abkürzung, die von einfacher oder symbolischer Form sein kann (das stilisierte IC von INTERCITY).
- Der Icotyp: Der Name ist (ganz oder teilweise) in eine bildliche Darstellung eingefügt (Bilder oder Figuren, die im Zusammenhang mit der Firma oder ihren Produkten stehen, wie bei BÄRENMARKE).

Das Emblem

Das Vorhandensein eines Emblems neben einem Logo ist nicht zwingend notwendig. Das Unternehmen kann jedoch darauf zurückgreifen, um bestimmte Dinge zu präzisieren:

- die geographische Herkunft, was oft bei Bier der Fall ist: FLENSBURGER, DORTMUNDER UNION, WARSTEINER, JEVER;
- das Metier, der Mercedesstern z.B. symbolisiert den Motorblock von vorne;
- die Philosophie, die zum Beispiel APPLE mit seinem Namen hervorragend charakterisiert. Denn der Apfel als Symbol der Verführung macht neugierig; der abgebissene Teil symbolisiert die Bestrebungen, einen Teil des Marktes zu erobern.

Diese Verdeutlichungen stützen sich generell auf andeutende Embleme. Abstrakte Embleme bringen eine Ergänzung der symbolischen Identität des Unternehmens oder seiner Produkte mit sich (z.B. die drei Streifen von ADIDAS). Gleichgültig ob andeutend oder abstrakt, fünf große Gruppen von Emblemen werden benutzt:

- geometrische Figuren;
- Objekte oder Instrumente;
- Personen (real oder fiktiv);
- Tiere oder tierbezogene Darstellungen;
- Vegetation oder Mineralien.

Die bekanntesten unter ihnen sind mit Sicherheit die von Tieren oder tierbezogene Darstellungen. SALAMANDER hat den LURCHI, ESSO beansprucht den Tiger, KUSCHELWEICH das Bärchen, PEUGEOT den Löwen, MILKA die lila Kuh und BÄRENMARKE den Bären. Welcher Art es auch immer sei, ein Emblem wird nach drei Kriterien beurteilt: Wahrnehmung, Merkfähigkeit, Verständlichkeit. Es besteht die Notwendigkeit eines spezifischen, starken, dauerhaften und zur Identität des Unternehmens passenden Emblems.

Das Design

Auch wenn Design immer das Ergebnis einer Arbeit mit Figuren, Formen, Farben und Materialien beschreibt, ist der Begriff im allgemeinen für die folgenden vier verschiedenen Aktivitäten bestimmt:

- Das Raumdesign beschäftigt sich mit der Kreation von Arbeitsräumlichkeiten (Büro, Geschäfte, Stände etc.).
- Das Produktdesign (oder Industriedesign) unterstützt die Konzeption von Gebrauchs- und Verbrauchsgütern sowie Investitionsgütern.
- Das Verpackungsdesign setzt die Verpackungen und ihre Aufmachung in die Realität um.
- Das Graphikdesign entwirft Logos und Embleme, konzipiert – ganz allgemein ausgedrückt – die visuelle Umsetzung der Marke und erarbeitet eine graphische Charta (die man auch Normenbuch nennt), die das Corporate Design festlegt.

Das Raumdesign kommt der Architektur nahe, wenn es sich von den Problemen der Marke im engeren Sinne entfernt und sich dem Bild der Institutionen zuwendet. Produktdesign, Verpackungsdesign und Graphikdesign haben Anteil an der Markenidentität. Das Logo, das Emblem, das Produkt und seine Aufmachung spielen alle eine Rolle und haben bestimmte Funktionen zu erfüllen.

Die vier Facetten des Designs müssen in ein zusammenhängendes Identifikationsprogramm des Unternehmens und seiner Produkte integriert werden (Designmanagement).

Die Rolle der Form

Die Form des Produktes und seine Aufmachung spielen eine wichtige Rolle bezüglich der Wahrnehmung, Identifizierung und Personifizierung der Marke. Sie erlaubt es, in ein Produktuniversum einzudringen (ein Camembert in einer runden Holzschachtel, ein fränkischer Wein im Bocksbeutel). Die Form ist ein komplexes Thema, da in ihre Definition verschiedene Dinge einfließen:

- psychologische Elemente: Eine abgerundete Form zum Beispiel ruft eher Komfort und Süße wach;
- technische Gegebenheiten: Widerstandsfähigkeit, Standardisierungsversuche, Stapelmöglichkeiten, Manipulation;
- die mit dem Produkt verbundenen Marketingziele: Positionierung, Wertigkeit des Inhaltes, Leichtigkeit der Handhabung, verkaufsfördernde Werte etc.

Die Rolle der Farben

Farbe ist das Hauptelement des Logos, des Emblems, des Produktes und seiner Aufmachung. Sie kann die Ursache für Erfolg oder Mißerfolg sein. In der Verpackung hat sie manchmal eine technische Funktion (Beispiel: das gefärbte Glas für Flaschen); ihre zentrale Funktion liegt jedoch im Bereich der Graphik und des Marketings.

Nach verschiedenen Studien sind ihre Funktionen hauptsächlich: die Lesbarkeit jeder Farbe und Kontrastfarbe; die Verbraucherpräferenzen, die ganz allgemein gelten können, sich aber auch von Person zu Person unterscheiden und der Symbolwert der Farben, der wiederum verschiedene Aspekte beinhaltet. Die kulturelle Symbolik der Farbe meint, daß jede Farbe ihre Wirkung hat und ihren Symbolwert besitzt. So ist bei uns beispielsweise schwarz die Farbe der Trauer, während sie in Asien durch die Farbe weiß symbolisiert wird. Der assoziative Wert bedeutet, daß jede Farbe direkt mit einem Attribut assoziiert wird. Blau ist für viele eher männlich, so wie rosa eher weiblich besetzt ist. Der Kodewert erlaubt es, Produkte zu unterscheiden und Marken zu erkennen (DANONE = blau, GERVAIS = grün, ZOTT = rot, NIVEA = blau, MILKA = lila).

Mancher Farbkode etabliert sich durch den Gebrauch (oder durch den

Marktführer) und ist richtungsweisend für alle anderen Hersteller. In Deutschland sind viele Milchprodukte blau verpackt, und bei Ökoprodukten herrscht grün vor.

Die Rolle der Materialien

Die Materialauswahl ist weniger komplex als die vorangegangenen Kriterien, da sie sehr eng mit technischen und genormten Zwängen verknüpft ist. Die Marketingfunktion und der Symbolwert der Materialien sollten jedoch beachtet werden.

Auditive Zeichen

Das Markenkonzept eines Unternehmens oder seiner Produkte, das als Gesamtheit aller unterscheidenden Zeichen definiert wird, darf sich nicht auf benennende und figurative Zeichen beschränken. Auch auditive Zeichen gehören dazu (Ambientemusik, Begleitmusik, Jingles), die manchmal von Wichtigkeit für die Identifizierung von Marken sind, da sie ihr eine wirkliche, musikalische Identität verleihen.

Tatsächlich ist eine Melodie wie die in den DAEWOO-Spots für jeden merkfähig, die jeweilige Werbemusik von OPEL, BACARDI oder EDUSCHO erlaubt es leicht, die gemeinten Unternehmen zu identifizieren.

Die Markenidentität beschränkt sich auf der Marketingebene nicht auf verbale Komponenten (Markenname) und figurative Zeichen (Logo, Emblem, Design), sie kann also auch eine musikalische Komponente beinhalten.

Die Attribute des Markennamens

Der Markenname im engeren Sinn (verbaler Bestandteil) besitzt eine gewisse Anzahl an Attributen und transportiert verschiedene Werte und Zeichen, die starke oder schwache Punkte darstellen können und die der Konsument mit dem so benannten Produkt verbindet.

Die mit dem Markennamen verbundenen Attribute sind von dreifacher Ordnung: phonetische, semantische und Marketing-Attribute. In diesem Kapitel werden die beiden linguistischen Attribute erläutert; die Marketingeigenschaften des Markennamens werden in Kapitel 7 über die Markenpolitur detaillierter behandelt.

Elemente der linguistischen Typologie

Jeder Markenname stößt auf ein Hindernis: Die Welt ist ein Turm zu Babel. Jeder Name, der aus einer anderen Sprache entlehnt wird, besitzt seine eigene Graphik und Phonetik. Er ist also nur für eine beschränkte Gruppe von Menschen aussprechbar, merkfähig und hat nur für diese eine Bedeutung. Nicht jedes Wort ist exportfähig.

Die weltweite Annäherung der Technik und Produkte geht nicht mit der »Universalisierung« der Sprachen einher. Esperanto ist ein Mythos. Englisch ist Weltsprache und dennoch nur für eine Elite zugänglich. Man sagt zwar, daß sehr viele Menschen Englisch sprechen, tatsächlich beherrscht es aber nur eine Minderheit von höherem sozialen Status (Geschäftsleute, Techniker, Beamte) gut. Die breite Masse, oft potentielle Kunden, sprechen es so gut wie gar nicht.

Der Traum jeder Firma ist es, daß ihre Produkte weltweit bekannt sind und ihr Name zu einer universellen Sprache gehört. Es gibt einige Beispiele, wo dies gelungen ist: KODAK, COCA-COLA oder MOBIL, deren Namen in fast allen Sprachen der Welt leicht auszusprechen sind. Einige Namen beinhalten Informationen über die Produktnatur, seine Zusammensetzung oder seinen Gebrauch: COCA-COLA, MOBIL. Andere ohne Bedeutung haben sich durch ihren Klang eingeprägt: KODAK, TOYOTA.

Jedes Unternehmen, das eine universelle Marke kreieren möchte, muß folgendes beachten:

- die Graphie, das heißt eine Orthographie, die sich leicht lesen läßt und schnell erfaßt werden kann;
- die Phonetik, das heißt einfache, leicht reproduzierbare Klänge, fast wie eine Musik oder eine »alte Leier«;
- der Sinn des Namens sollte über das Produkt informieren, was bei der Vielzahl der Sprachen sehr schwierig ist.

Phonetische Attribute

Jedes Land hat seine Art der Aussprache, seine phonetischen Gewohnheiten und seinen Akzent. Dies beeinflußt, in welchem Maße man einen Markennamen als unaussprechbares Fremdwort empfindet oder ob man ihn ohne Schwierigkeiten aussprechen kann. Der Name TIMEX kann z.B. auf verschiedene Weise ausgesprochen werden: *ti-meks* auf französisch, *tay-meks* auf englisch, *ti-mesh* auf portugiesisch. Die Marke ist trotzdem überall wiederzuerkennen. Namen, die so leicht Grenzen überwinden, sind eher selten. Die meisten besitzen eine komplexe Graphie, die im Ausland Lese- und Ausspracheprobleme verursacht. Also ist es günstig, sich mit der Phonetik und dem, was in den wichtigsten Sprachen aussprechbar ist, auseinanderzusetzen, bevor man eine Marke kreiert und auf den Markt bringt.

Der Vorteil eines alphabetischen Systems (oder eines Silbensystems wie im Japanischen) gegenüber Schriftzeichen wie im Chinesischen oder Ägyptischen ist der direkte Hinweis auf die Aussprache. Ein Zeichen entspricht einem Ton. Im weit verbreiteten lateinischen Alphabet kann ein Zeichen in unterschiedlichen Sprachen verschiedenen Tönen entsprechen. Dies hängt jeweils von den Sprachgewohnheiten der Menschen ab.

Das *u* kann im Englischen viele verschiedene, phonetische Werte erhalten (*a, au, i,* oder *ju* wie in *but, out, business, usual*). Im Deutschen gibt es dagegen nur eine Aussprache.

Die französische Graphie *ch* hat im Portugiesischen denselben Wert wie im Französischen, im Englischen und Spanischem wird es dagegen *tch* gesprochen, im Italienischen *k*.

Das *c* hat in Europa verschiedene Wertigkeiten (*k, s, ts, tch, dj,* etc.) und im Französischen wird es wie *k* vor einem *a, aber wie* s vor einem *e* ausgesprochen usw.

Einige Sprachen besitzen eine klare phonetische Orthographie. Im Spanischen, Kroatischen, Türkischen, Indonesischen usw. spricht man, wie man es schreibt.

Andere Länder haben ein komplexeres, orthographisches System. Wenn man aber den Schlüssel kennt, weiß man ohne zu zögern, wie man etwas aussprechen muß (Deutsch, Polnisch).

Manche Sprachen besitzen eine Orthographie, die auf den ersten Blick unlogisch wirkt. Ein Ausländer ist sich anfangs nie sicher, wie er etwas im Französischen auszusprechen hat. (Man denke nur an den paradoxen Satz: Les poules *couvent* au *couvent*). Im Englischen werden dieselben Vokale vollkommen unterschiedlich ausgesprochen (*put* und *but, wind* und *to wind*).

Ein Markenname muß leicht identifizierbar, merkfähig und für den Verbraucher leicht aussprechbar sein. Die Schwierigkeiten werden größer, wenn die Marke auf einem internationalen Namen beruhen soll, da jede Sprache aus bestimmten Lauten besteht. Um dieses Phänomen besser verstehen zu können, muß man die Akustik der Vokale und Konsonanten untersuchen.

Die Akustik der Vokale

Es ist möglich, die Vokale in verschiedene akustische Typen aufzuteilen. Diese Typen sind quasi in jeder Sprache identisch, aber jede einzelne Sprache benutzt nur eine bestimmte Anzahl der Vokalmöglichkeiten. Alle Vokalsysteme der Welt bauen auf einer doppelten Unterscheidung auf: hell (*i*) und dunkel (*u*), offen (*a*) und geschlossen (*i, u*). Die drei Töne (*i, u, a*) sind allen Sprachen gemein; einige begnügen sich hiermit, aber die meisten, wie z.B. die deutsche Sprache, haben das System vergrößert und um Zwischentöne ergänzt: *o, e, ö, ü, ä*.

Wenn sich ein Unternehmen nur an die deutschen Konsumenten wendet, kann der Markenname die Vokale des geläufigen Deutsch beinhalten. Wenn aber ein Produkt oder eine Dienstleistung international einsetzbar sein soll und sich an eine ausländische Bevölkerung richtet, muß man vor allem die gängigen internationalen Vokale verwenden (Abbildung 3).

Die Klangunterschiede bei Vokalen müssen auch bei der Wahl eines Markennamens berücksichtigt werden, wie die Entwicklung der Marke SONY belegt (Foto B: SONY). Nachdem Gründer Okio Morita 1953 erkannte, daß der Name Tokyo Tsushinkogyo Kabushiki Kaisha für die internationale Vermarktung ungeeignet war, machte er sich auf die Suche nach einem kurzen, aussagefähigen Namen und stieß auf das lateinische Wort sonus. Bald war Sonny geboren – ein Name, für den Morita und seine Mitarbeiter große Sympathien hegten, weil er offensichtlich an Sonny Boy erinnerte, in den fünfziger Jahren der Inbegriff für den dynamischen jungen Mann. Die Rechnung ging für fast alle Sprachen auf, nur nicht im Japanischen: Spricht man das Wort kurz aus, bedeutet es »Geld verlieren, Verluste machen«. Morita entschied, ein *n* aus dem Wort zu streichen und das Wort fortan mit einem langgezogenen *o* auszusprechen. Das Problem war beseitigt, und es entstand SONY.

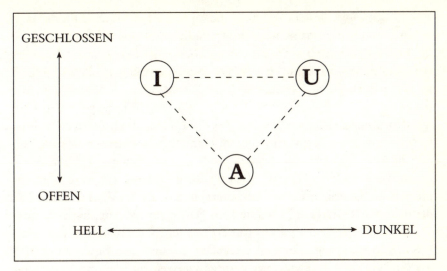

Abbildung 3: Die Akustik der Vokale

Quelle: In Anlehnung an Malmberg, Les Domaines de la Phonétique, Paris, PUF, 1971, Seite 30

Wörter ohne Vokale sind nicht nur für den Deutschen unaussprechbar: Man denke nur an die kroatische Insel Krk, ein echter Zungenbrecher. Doch auch die Aussprache der Vokale ist nicht immer einfach. Obwohl die Vokale in den meisten europäischen Sprachen gleich geschrieben werden, kann die Aussprache von Land zu Land ganz anders sein. So ist z. B. die Aussprache des Buchstabens *i* in allen europäischen Sprachen identisch. Die einzige Ausnahme bildet das Englische, wo zwei Ausprachevarianten möglich sind. Manchmal wird das *i* wie das deutsche *ai* ausgesprochen, so z. B. in *white, write, light* usw., manchmal entspricht die Aussprache dem deutschen *i*, wie beispielsweise in *win, tip, spirit.* Damit der Absatz von Produkten nicht daran scheitert, daß die Verbraucher den Namen nicht aussprechen können, sind pfiffige Hersteller mittlerweile dazu übergegangen, die Schreibweise schwieriger Namen zu vereinfachen. So schreibt sich in Deutschland ein bekanntes Erkältungspräparat nicht etwa WICK MEDINIGHT, sondern WICK MEDINAIT. Andere Hersteller taufen ihre Produkte sogar um, wenn die Aussprache für ein Land zu kompliziert ist. Aus dem Käse PAVÉ D'AFFINOIS von GUILLOTEAU wurde BLANCRÈME (Foto C: BLANCRÈME).

Das deutsche *u* wird in Frankreich wie *ü* (z. B. in Côte d'Azur) ausgesprochen, in England dagegen häufig als *a* (z. B. in *run* oder *but*). Der deutsche Umlaut *ü* ist als Laut weltweit nur wenig verbreitet, da er für die meisten Menschen in romanischen Ländern (mit Ausnahme der Franzosen), für die Briten und Slawen sowie für einen Großteil der Bevölkerung der anderen Kontinente unaussprechbar ist. Die Außergewöhnlichkeit des Umlauts *ü* kann jedoch für die Vermarktung eines Produktes von Vorteil sein. Der deutsche Autohersteller VW/AUDI wirbt für seine Fahrzeuge in den USA mit dem Slogan *Fahrvergnügen*. Das Wort mit seiner komplizierten Buchstabenkombination kommt schon einem Deutschen nur schwer über die Lippen, in Amerika ist es erst recht ein verbaler Stolperstein – ein Effekt, der durch das *ü* noch verstärkt wird. Trotz allem eroberte Fahrvergnügen die Herzen der Amerikaner im Sturm: ein typisch deutsches Wort als Garant für die deutsche Wertarbeit. Es wurde zum Nationalsport, den Slogan aussprechen zu können. Aber so etwas passiert nur selten, denn wäre es bei jedem Produkt so schwierig, wären die Verbraucher schnell überfordert. Auch SIEMENS NIXDORF setzte auf einen schwierigen Namen und taufte seine Computer SCENIC. Es ist nicht verwunderlich, daß die Aussprache dieses schwierigen Namens zunächst über ein Jahr lang in der Werbung kommuniziert werden mußte. Auch die Tatsache, daß die Aussprache des Namens mit den Anfangssilben des Herstellers identisch ist, war für viele Verbraucher durchaus nicht auf den ersten Blick ersichtlich. Ist solch ein schwieriger Name jedoch erst einmal gelernt, hat er gute Chancen, sich auf dem Markt langfristig durchzusetzen. Die Taktik der ungewöhnlichen Namen geht jedoch nicht immer auf. In der Regel sollten Produkte in allen gängigen Sprachen gut aussprechbar sein, da zu viele schwierige Namen zu einer Reizüberflutung führen können. Daher empfiehlt es sich, Namen zu wählen, die eine regelmäßige Abfolge von Vokalen und Konsonanten aufweisen. Offene Silben, also Silben, die mit einem Vokal enden, kommen international am häufigsten vor. Während im Deutschen nur 20 Prozent mit einem Vokal enden, sind es im Englischen 55 Prozent, im Spanischen und Italienischen jeweils 74 Prozent, im Französischen 75 Prozent und im Japanischen 100 Prozent der Silben. Im Japanischen muß jedes Wort auf einen Vokal enden, damit es überhaupt ausgesprochen werden kann; lediglich das *n* wie in Nippon ist am Wortende erlaubt. Endet das Wort auf einen Konsonanten, hängen die Japaner ein *u* an und machen das Wort damit aussprechbar.

Namen, die vokalisch enden, werden für die internationale Namensgebung am häufigsten gewählt, wie ein Blick auf die Autonamen belegt: TIGRA, VENTO, ALMERA, BALENO, PUNTO, CLIO etc. Die meisten

Autohersteller haben ein klares Namenskonzept. So hat OPEL die strategische Entscheidung getroffen, alle Namen auf *a* enden zu lassen, VW dagegen besetzt mit seinen Namen die verschiedenen Winde, die nach Möglichkeit auf *o* enden.

Der Vokal *a* bezeichnet in vielen Sprachen die weibliche Form eines Wortes, der Vokal *o* die männliche. VW versucht dementsprechend, durch die Verwendung der Silbe *o* die männliche Zielgruppe anzusprechen. OPEL dagegen hat sich bewußt für die weibliche *a*-Endung entschieden und weckt vielleicht gerade auf diese Weise verstärkt das Interesse der Männer.

Großer Beliebtheit erfreuen sich heutzutage Namen mit Diphthongen, also Doppelvokalen wie *ea, eo, ia* usw. Diphthonge haben einen offenen, dynamischen Klang. Sie sind vor allem in den romanischen Sprachen weit verbreitet und klingen dementsprechend für nordische Ohren südländisch und exotisch. Produktnamen mit einem Doppelvokal klingen interessant oder gar verführerisch: AERISTO für einen Luftfilter von BOSCH, ALTEA für eine Hotelkette, ILOÉ für Dessous von LEJABY (Foto D: ILOÉ).

Der Symbolgehalt von Vokalen

Es existieren verschiedene Untersuchungen über den Symbolgehalt von Buchstaben und Klängen eines Namens. Diese lassen den Rückschluß zu, daß es eine Verbindung zwischen bestimmten Buchstaben und den Variablen gibt, die die Vorstellung von Größe, Form und Helligkeit des Objektes hervorrufen. Diese Studien haben ebenfalls gezeigt, daß es einen Zusammenhang in der Wahrnehmung von hellen (*e, i*) und dunklen Vokalen (*a, o, u*) und der Vorstellung von Bewegung, Form und Helligkeit gibt.

Beispielsweise weist ein *a* auf ein größeres Objekt hin, während das *i* eher mit kleineren Dingen in Verbindung gebracht wird (der Unterschied zwischen *a* und *i* ist also wichtiger als der zwischen *e* und *i* usw.).

Der Klangwert des Vokals in einem Produktnamen sollte idealerweise einen Hinweis darauf liefern, ob es sich um einen großen oder kleinen Gegenstand handelt. Dementsprechend findet man das *i* zur Bezeichnung kleiner Automodelle: CLIO, MINI, TWINGO (Foto E: CLIO). Die Vokale *a* und *o* klingen dagegen dunkel und getragen und werden zur Bezeichnung großer, voluminöser Fahrzeuge verwendet: OMEGA, VENTO, SHARAN, ESPACE.

Die Konsonanten

In allen Sprachen gibt es eine große Bandbreite von Konsonanten, wobei nicht alle Konsonanten in jeder Sprache zu finden sind. Die Sprachgewohnheiten in den verschiedenen Ländern führen dazu, daß einige Münder einfach nicht in der Lage sind, bestimmte Töne hervorzubringen. Griechen haben Schwierigkeiten mit *ch, tch* und *dj.* Die Franzosen bekommen das englische *th* kaum über die Lippen und machen für gewöhnlich ein *t* daraus. Die Deutschen haben ähnliche Schwierigkeiten damit und sprechen es wie *s* aus. Der Buchstabe *w* ist in den romanischen Sprachen unbekannt. Im Koreanischen existiert der Buchstabe, wird aber wie das deutsche *j* ausgesprochen: DAEWOO spricht sich nicht *Däwuh,* sondern *Däjuh.* Das *h* wird in den romanischen Sprachen zwar geschrieben, kann aber nicht ausgesprochen werden. In einigen Sprachen, wie etwa im Türkischen oder Japanischen, werden aufeinanderfolgende Konsonanten nicht geduldet. So ist das englische *train* im Türkischen zu *tiren* geworden.

Nach diesen linguistischen Überlegungen mag man zu dem Schluß kommen, daß man im Namen möglichst keine Buchstaben verwenden sollte, die in jenen Ländern unbekannt oder schwierig auszusprechen sind, in denen man sein Produkt anbieten möchte. Eine Marke, die auf einem möglichst großen Markt populär werden soll, sollte mit einem einfachen, in vielen Ländern gut aussprechbaren Namen versehen werden: z.B. SONY, NOKIA. Die leichte Übertragbarkeit in eine andere Schriftart wäre somit gewährleistet. Firmen müssen dabei auch bedenken, wie ihr Schriftzug in arabischer, kyrillischer, griechischer, hinduistischer, thailändischer, chinesischer oder japanischer Schrift mit einer phonetischen Übertragung als »Untertitel« aussehen würde. Auf diese Weise wirken RENO (RENAULT) und PEJO (PEUGEOT) genauso aussagekräftig wie TOYOTA und VOLVO.

Konsonanten können stimmhaft oder stimmlos sein. Im Deutschen gibt es Konsonanten, die manchmal hart, manchmal weich ausgesprochen werden, wie etwa *Veto* (*w*-Klang) oder *Vater* (*f*-Klang). Im Englischen dagegen klingt *v* immer weich. Wie wichtig es ist, diese Unterschiede zu bedenken, zeigt das Beispiel der Marke WICK. Die Marke schreibt sich weltweit VICKS, was sich für den deutschen Markt als ungeeignet erwies, da viele Deutsche den Namen mit einem *f*-Laut aussprachen und so an einen vulgärsprachlichen Ausdruck dachten. Das *v* wurde durch ein *w* ausgetauscht und die störende Assoziation auf diese Weise beseitigt.

Der Gebrauch von reibenden, vibrierenden und nasalen Konsonanten sowie die Nebeneinanderstellung von Konsonanten schaden der phonetischen Qualität des Markennamens. Diese hängt auch von der Länge, d.h. von der Anzahl der Silben ab. Es gibt zwar keine genaue Regel in diesem Bereich; man sollte aber einen einsilbigen Namen vermeiden, da er mit doppelten Schwierigkeiten einhergeht:

- Auf der juristischen Ebene bringt ein solcher Name Probleme mit sich, da er sich nicht deutlich genug von anderen existierenden Marken unterscheiden kann.
- Auf der phonetischen Ebene ist ein zu kurzer Name nicht immer gut zu identifizieren und zu verstehen: z. B. BAC (Hans Schwarzkopf GmbH), BIC (Marcel Bich), HAP (Hundefutter von Effem GmbH), HIPP (Babynahrung von Hipp).

Auf der anderen Seite sind zu lange Namen (mehr als drei Silben) nicht merkfähig genug. Im allgemeinen sollte ein guter Markenname zwei bis drei Silben haben.

Der Symbolgehalt von Konsonanten

Die Konsonanten (»Mitlaute«) sind weniger anfällig für Interpretationen als Vokale (»Eigenlaute«). Psycholinguistische Untersuchungen haben gezeigt, daß die phonetische Komposition eines Namens, den man zum ersten Mal hört, bestimmte Resonanzen und Werte hervorruft. Ein Name wie SHEBA wird anders wahrgenommen als ein Name wie KITEKAT (den eine spielerische Tonart auszeichnet). Dies zeigt sich auch regelmäßig in europäischen Namenstests.

Der Klang des Markennamens kann auf die Produktpersönlichkeit hindeuten. Weichklingende Konsonanten werden in der Regel zur Bezeichnung von Produkten gewählt, deren Positionierung Sanftheit, Geschmeidigkeit, Harmonie, Weiblichkeit etc. widerspiegeln soll: NIVEA, WELLA, ALWAYS, MONA LILA, MEIN MILD'OR. Harte, stimmlose Konsonanten wecken bei einem Markennamen dagegen eher Assoziationen zu Dynamik, Spritzigkeit, Männlichkeit, Technik: CLIFF, AXE, TIGRA, FIT FOR FUN, TWIX, SPECTRIS, PATTEX (Foto F: TIGRA, Foto X: SPECTRIS).

Ein Unternehmen sollte es sich also zum Ziel setzen, Marken zu kreieren, die Aufmerksamkeit erregen und sich durch Wohlklang sowie universelle Verständlichkeit auszeichnen. Je unkomplizierter ihr Lautbild ist, desto größer wird jedoch die Gefahr, daß es zu einer inhaltlichen Mehrdeutigkeit kommt, daß also Wörter gleich klingen, aber verschiedene Bedeutungen besitzen. Man muß daher im Vorfeld ausschließen, daß ein ausgewählter Name eine negative Bedeutung im Ausland hat, Tabus berührt, eine Beleidigung darstellt oder lächerlich wirkt. Man stelle sich nur vor, wie im deutschen Sprachraum Produkte mit dem Namen GIFT (engl.: Geschenk) oder SILVER MIST (engl.: silberner Nebel) ankämen.

Semantische Attribute

Die Marke ist ein komplexes Zeichen und kann verschiedene Kodes aufweisen (phonetisch, ikonisch, kalligraphisch, musikalisch), deren Kristallisation sie zu dem macht, was sie ist. Auf der linguistischen Ebene ist die Marke zugleich Zeichen, Wort, Sache und Konzept:

- ein Zeichen (oder auch eine Gruppe von Zeichen), das die verschiedenen Bestandteile der Marke transportiert;
- ein Wort, da der Markenname die verbalen und schriftlichen Informationen, die über die Marke verbreitet werden, unterstützt;
- eine Sache, denn die Marke hat einen Bezug zu einem Produkt; diese Assoziation wird nahezu paradox, wenn die Marke zur Gattungsbezeichnung für eine Produktgruppe wird;
- ein Konzept, das im Produkt mitschwingt und mit Fachtermini und dem Know-how des Herstellers assoziiert werden kann.

Die Gesamtheit der Elemente, die die Marke begründen (Name, Logo, Emblem, Design), dient dem gewünschten Produktimage.

Der Markenname hat einen beträchtlichen Anteil an der Wahrnehmung der Marke. Je reicher sein Symbolwert ist, desto stärker wird sein Potential zur Wiedererkennung und Merkfähigkeit sein. Die Wahl kann auf ein deutsches oder ausländisches (semantisiertes) Wort oder auf die Kreation eines neuen Wortes fallen. In einigen Fällen werden die Implikationen für das Produktimage wichtig und unterschiedlich sein.

Es gibt drei Arten von Markennamen: konnotative, denotative, frei erfundene. Will ein Unternehmen eine Marke konnotativer Art wie POISON für ein Parfüm, mit der eine indirekte Sinngebung hergestellt wird, verwenden, werden das Produktimage und die Produktwelt von den Assoziationen, die der Sinn des Namens hervorruft, beeinflußt. Gleiches gilt bei Marken denotativer Art wie SPEEDY für ein schnelles Auto, wo der Sinn des Namens direkt erkannt wird. Will das Unternehmen ein neues Wort kreieren, so werden die Assoziationen zu diesem Namen stark durch die Buchstaben und den Klang, den sie transportieren, beeinflußt, wie zum Beispiel bei OTTO für ein großes Versandhaus oder bei ILOE für Dessous.

Generell sollte man Namen mit religiöser Bedeutung vermeiden: z.B. Namen, die die Silbe *alla* in moslemischen Ländern enthalten, *kali* oder *Rama* (Gottheiten) im Hinduistischen, *Gott* im Deutschen (in der Leder- und Sportmarke GOTTA).

Man sollte wissen, daß die Silben *kir, kos, kun* persischen Schimpfwörtern entsprechen und daß die Silbe *shi* (anders als *shin*) im Japanischen Tod bedeutet, so daß diese Silben für die Namensentwicklung nicht in Frage kommen sollten. Aus diesem Grund benutzt man für die Zahl *vier* lieber *yon* als das parallel existierende *shi*.

Bei allen Namen, die mit *al* beginnen (arabischer Artikel), sollte man vorab mögliche Assoziationen im Arabischen überprüfen, da die Gefahr besteht, daß das Wort beim Lesen in die zwei Bestandteile (Artikel und Substantiv) geteilt wird, die auf diese Weise wiederum einen neuen Sinn bekommen. Dieser Mechanismus ist prinzipiell auf alle Sprachen und Dialekte übertragbar (vgl. auch im Bayerischen *Adam* = eine Dame).

Bei Marken, die mit *o* beginnen, will folgendes bedacht sein:

- Im Portugiesischen ist *o* der bestimmte Artikel (Portugal, Brasilien).
- Im Skandinavischen ist *o* eine negative Vorsilbe (so wie *un* im Deutschen und Englischen), z.B. das Schwedische: *oren* = unrein, *omöjlig* = unmöglich.
- Für Japan gilt: *o* ist eine Vorsilbe, die Verehrung ausdrückt. Sie wird zusammen mit Verwandtschaftsbezeichnungen benutzt (*otoosan* = ihr Vater im Gegensatz zu *chichi* = mein Vater) oder für Dinge, die als ehrenhaft gelten (*otaku* = Euer Ehren im Vergleich zu *uchi* = mein einfaches Haus, *ocha* = Tee, der genau wie der Saki im Gegensatz zu Kaffee als ehrenvoll betrachtet wird).

Natürlich werden in den meisten Sprachen bestimmte Silben oder Silbengruppen als Bausteine für viele Wörter benutzt. Die Schwierigkeit besteht darin, alle möglichen negativen Assoziationen, die bei einigen oder einem Großteil der Sprecher aufkommen könnten, auszuschließen. Dieses Risiko besteht nicht nur im akademischen Wortschatz oder im Inhalt eines Wör-

terbuches, sondern gilt besonders in der Umgangssprache sowie für Abkürzungen (z.B. ist das Homonym für das englische *speed* im Russischen die
dortige Bezeichnung für AIDS).

Es ist also unbedingt notwendig, Namen vorab in allen Ländern zu überprüfen, in denen sie später eingesetzt werden sollen, um sich vor bösen
Überraschungen zu schützen.

Palindrome und typographische Symmetrie

Bei der Namenskreation ist es möglich, nicht nur den Sinn des Wortes, sondern auch die graphische Umsetzung zu beachten. Je nachdem, ob es sich
um ein Wort mit einer geraden oder ungeraden Anzahl von Buchstaben
handelt, wird die graphische Gestaltung entsprechend ausfallen. Manche
Wörter (Palindrome) lassen sich zum Beispiel von vorn und hinten lesen
und klingen in jedem Falle gleich: OMO, UHU, ATA, OTTO.

Einige Buchstaben haben charakteristische Symmetrien (typographische
Symmetrie), die man in die graphische Umsetzung einbeziehen kann. Stellt
man sich die horizontale Linie als Spiegelachse vor, so sind einige Buchstaben auf dieser Achse symmetrisch, wenn man sie von oben nach unten kip-
pen kann. Vertikal sind die Buchstaben, die entsprechend von links nach
rechts gespiegelt werden können und trotzdem ihre Lesbarkeit behalten:

- horizontale Symmetrie: B, C, D, E, H, I, K, O, X wie DEO, BIKO;
- vertikale Symmetrie: A, H, I, M, O, T, U, V, W, X, Y wie AXA, UHU, ATA,
  OMO;
- horizontale und vertikale Symmetrie: H, X, O, I wie OXO;
- zentrale Symmetrie: O.

Wer die graphischen Eigenschaften der einzelnen Buchstaben kennt, kann
sie in eine Namensgebung gewinnbringend einfließen lassen.

3. Die Markentypen

Die Marken, die von den Unternehmen auf dem Markt angeboten werden, repräsentieren dank ihrer Formen und Eigenschaften eine große Vielfalt. Viele Klassifikationen, die auf verschiedenen Kriterien aufbauen, wurden bereits vorgeschlagen.

A. Room (1982) schlägt eine Klassifikation vor, die sich auf dem Namensursprung begründet, er unterscheidet:

- Personennamen (CHANEL, LAGERFELD, JOOP),
- Ortsnamen (VICHY, GEROLSTEINER, WARSTEINER),
- erfundene, wissenschaftliche Namen, die häufig von lateinischen oder griechischen Wurzeln abgeleitet sind (THERA-MED, SUPPORTAN; Foto G),
- feststehende Namen, die auf einen sozialen Status verweisen (ROYAL, KÖNIG PILSENER),
- historische Hinweise (REVOLUTION),
- assoziative Namen (TIGRA, ANTHRACITE),
- künstliche, frei erfundene Namen (KODAK, ILOE),
- beschreibende Namen (BRUNCH, MINI).

Ein anderer Ansatz basiert auf linguistischen Studien, die die Marken in vier Kategorien einteilen:

- erfundene Namen ohne eigentliche Bedeutung (OMO),
- erfundene Namen, die durch ihre Phonetik einen symbolischen Wert erhalten (PATROS erinnert an Griechenland),
- Namen, die eine semantische Bedeutung haben (MARS, DUAL).

Eine andere Möglichkeit, Marken zu klassifizieren, ist die juristische Seite. Wir unterscheiden hier fünf Markentypen:

- erfundene Marken (KODAK, ROLEX, TESA),
- willkürliche Marken, deren Name schon vor der Marke existierte (APPLE, FOEN, ANTAEUS, CAMEL),
- suggestive Marken (PAPER MATE, VISA),
- Marken, die das Produkt oder seine Bestandteile beschreiben (NUTS, COCA-COLA),
- generische Marken, die juristisch nicht schutzfähig sind (MILCH-SCHNITTE, KINDERSCHOKOLADE).

Diese Klassifikationen der verschiedenen Markentypen stützen sich auf die Herkunft der Marken, ihre linguistischen Charakteristika oder ihre juristischen Merkmale. Sie sind von daher rein beschreibend und vernachlässigen die Bedeutung des Markennamens innerhalb der Unternehmenspolitik. Es erscheint daher sinnvoll, eine andere Klassifikation, die die Bedeutung der Markentypen für die Unternehmensphilosophie berücksichtigt, anzuwenden. Diese Analyse bietet einen doppelten Vorteil für die Unternehmen: die Definition der Markennamenpolitik und die Wahl eines Namens für ein neues Produkt.

Die fünf Kategorien von Marken

Viele Forscher und Praktiker haben Marken untersucht, um deren Rolle in der Unternehmensstrategie zu erkennen. Von diesen Arbeiten ausgehend, können wir eine Klassifikation, die fünf Kategorien beinhaltet, festhalten:

- die Produktmarke,
- die Linienmarke,
- die Sortimentsmarke,
- die Absendermarke,
- die Luxusmarke.

STATUS	ROLLE	BEISPIEL
PODUKTMARKE	1 Name = 1 Produkt = 1 Versprechen = 1 Zielgruppe	ARIEL, VIZIR, DASH
BRANDUKT	Innovative Produktmarke 1 Versprechen = 1 Zielgruppe	TABASCO, LEGO
LINIENMARKE	1 Name = Produktvarianten = 1 Versprechen = 1 Zielgruppe	LANCÔME
SORTIMENTSMARKE	1 Name = Heterogene Produkte mit eigenem Versprechen für gesonderte Zielgruppe	DIOR, CHANEL, MAGGI
ABSENDERMARKE	1 Markenname bürgt für mehrere Produktsortimente	NESTLÉ
LUXUSMARKE	1 kreative, hochwertige Marke, die über die Zielgruppe hinaus zur Referenz wird	PIERRE CARDIN, CARTIER, LOUIS VUITTON

Abbildung 4: Der unterschiedliche Status der Marke
Quelle: M. Botton, J.-J. Cegarra, Le nom de marque, Paris 1990

Die Produktmarke

Die Produktmarke steht für die Gesamtheit aller Zeichen (benennend und figurativ), die mit einem bestimmten Produkt verbunden sind. Dieser Markentyp, bei dem der Name direkt (und, wenn möglich, dauerhaft) mit einem einzigen Produkt verbunden ist, findet sich in allen Bereichen, aber ganz besonders im Bereich der Hygiene und der Lebensmittel: z. B. EVIAN, VITTEL, VOLVIC, CAPRICE DES DIEUX, CHAUMES, PATROS, BLANCRÈME.

Das Hauptinteresse der Produktmarke ist, jedem Produkt einen Namen und ein Versprechen zuordnen zu können. Um die Funktion der Produktmarke illustrieren zu können, sollen Waschmittel und Seifen von Henkel als Beispiel dienen: PERSIL, PRIL, SAPUR, SOFIX, X'TRA. Das Unternehmen setzt es sich zum Ziel, eine Marke zu finden, die am besten die Produktpositionierung zum Ausdruck bringt.

Ein besonderer Fall der Produktmarke ist das »Brandukt«. Dieser Neologismus ist eine Kontraktion aus »brand« (Marke auf englisch) und »Produkt«. Es kann vorkommen, daß ein neues Produkt über sehr spezielle Eigenheiten verfügt. Man kann es dann nur durch eine neue Marke benennen, da noch keine konkrete, generische Bezeichnung existiert. In einem solchen Fall wird das Produkt aufgrund seiner Einzigartigkeit wie ein Individuum behandelt und durch seinen Eigennamen benannt. Das bekannteste Beispiel ist sicherlich LEGO.

Die Existenz einer Produktmarke basiert auf der Möglichkeit, ein neues Segment auf einem ausreichend großen Markt zu erschließen. Dieses Segment muß groß genug sein, um Energien freisetzen zu können, die eine Entwicklung der spezifischen Aktionsmittel der Marke erlauben.

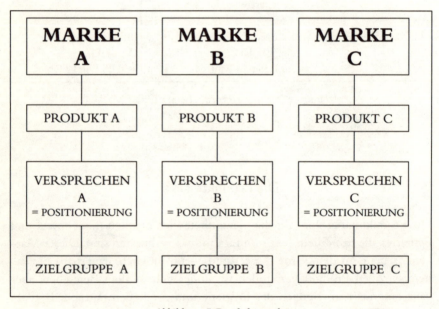

Abbildung 5: Produktmarke
Quelle: In Anlehnung an G. Marion, La marque, l'enseigne et le nom de l'entreprise, Dinard 1987

Vor- und Nachteile von Produktmarken

Die Produktmarke ermöglicht dem Unternehmen:

*   Produkte auf den Markt zu bringen, die mit nahen und ergänzenden Marktsegmenten korrespondieren (mittlere oder höhere Qualität), z. B. ARMANI und EMPORIO, BERND BERGER und VIVENTY;
*   sich an neuen Märkten zu orientieren und die gewohnte Domäne zu verlassen. Beispiel: PROCTER & GAMBLE (Shampoo, Windeln, Damenbinden, Reinigungsmittel, Kosmetik, Küchentücher, Haarpflege, Inkontinenzprodukte, Wattepads, Seife), HENKEL (Waschmittel, Zahnpasta);
*   mit den Handelsketten eine lineare Übereinkunft bezüglich der Regalreihen und der Anzahl der Marken, die sie enthalten sollen, auszuhandeln. Beispiel: der Wasch- und Reinigungsmittelmarkt – CORAL, OMO, SKIP, SUNIL, VIM, VISS von LEVER;
*   sein Schicksal nicht nur vom Image und Ruf einer einzigen Marke abhängig zu machen.

Der Einsatz von Produktmarken erlegt dem Hersteller aber auch einige Zwänge auf:

*   Jedes erforderliche Nachfolgeprodukt bringt hohe Werbeausgaben mit sich, denn die Schwelle zur effektiven Kommunikation ist eng;
*   das Produkt kann nicht von dem Erfolg einer bereits existierenden Marke profitieren;
*   das Produkt kann nicht die Vertriebswege einer bereits existierenden Marke nutzen;
*   die Hersteller stehen immer wieder vor folgendem Dilemma: Sollen wir das Produkt weiterentwickeln, um es den neuen Kundenbedürfnissen anzupassen, oder sollen wir um jeden Preis die jetzigen Kunden (und die jetzige Marke) unverändert erhalten? Beispiel: PAMPERS, PAMPERS BOYS/GIRLS, PAMPERS THIN, PAMPERS BABY DRY, ULTRA PAMPERS, ULTRA PAMPERS PLUS, TRAINERS;
*   die Lagerung und der Schutz jeder neuen Marke sind zwingend mit Ausgaben und zusätzlichen Investitionskosten verbunden.

Die Linienmarke

Die Linienmarke wird benutzt, um die Gesamtheit homogener Produkte zu bezeichnen, d.h. eine homogene Produktrange (Produktlinie) mit einem bestimmten Versprechen für die Verbraucher und einem Produktumfeld anzubieten. Als Beispiel nehmen wir LANCÔME mit seinen Produkten GALATÉE, GALATÉIS – EFFACIL LOTION, EFFACIL GEL, BI-FACIL – NUTRIX MAINS, + LÈVRES, NUTRIBEL – HYDRACTIV, HYDRA-BLEU, HYDRIX.

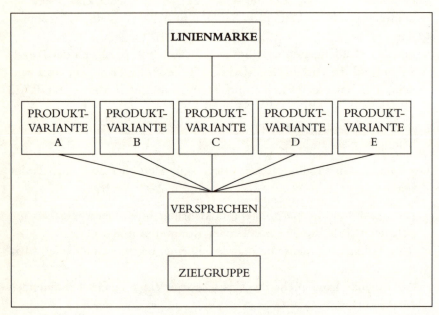

Abbildung 6: Linienmarke

Quelle: In Anlehnung an M. Botton, J.-J. Cegarra, Le nom de marque, Paris 1990

Der Gebrauch von Linienmarken

Die Marke ist mit einer Produktpalette verbunden, die von demselben Werbeversprechen lebt, da es nur eine Marke gibt. Um jedes Produkt genau bezeichnen zu können, ist es nötig, dem Markennamen eine Produktbezeichnung hinzuzufügen. Dieser Markentyp ist stark im Kosmetiksektor vertreten, in dem die Hersteller aus Namen, denen sie eine Produktfamilie zuordnen, Kapital schlagen, wie z. B. bei CLINIQUE oder BELUGA, einem hochwertigen Umweltpapier für die Nase, die Küche und das WC. Auch im Lebensmittelbereich erlaubt der Einsatz von Linienmarken, ein Produktumfeld zu definieren, z.B. LANDLIEBE. Die Marke LANDLIEBE ist ein Beispiel für eine Linienmarke, die aus einer Produktpalette besteht, die im selben Bereich angesiedelt ist (Milch und Joghurt) und von derselben Werbebotschaft profitiert (Qualität, Frische).

Chancen und Risiken der Linienmarken

Sie ermöglichen:

- die Schaffung einer zusammenhängenden und dauerhaften Marke;
- einen sehr schnellen Vertrieb neuer Produkte;
- die Begrenzung der Kosten für die Vermarktung der Produkte.

Sie können für ein Unternehmen auch eine Verlangsamung und Zwänge bezüglich der Angebotsentwicklung bedeuten, denn:

- Produktinnovationen werden oft zugunsten von Linienerweiterungen vernachlässigt, um ein einheitliches Markenimage sicherzustellen.
- Sie behindern den Durchbruch von sehr innovativen Produkten, deren Eigenheit (der spezifische Product Benefit) schwierig zu vermitteln ist.

Die Sortimentsmarke

Der Terminus Sortimentsmarke dient dazu, Markennamen zu benennen, unter denen die Gesamtheit heterogener Produkte vermarktet wird; d.h., wir finden hier eine heterogene Produktrange, also mehrere Produkt- und Kompetenzfelder sowie verschiedene Versprechen und verschiedene Zielgruppen.

Der Gebrauch der Sortimentsmarke

Die Komplexität der Produktpalette läßt für jedes Produkt eine Kommunikationsstrategie und eine spezielle Werbebotschaft sowie den Einsatz einer eigenen Produktbezeichnung zur Identifizierung nötig werden. Verglichen

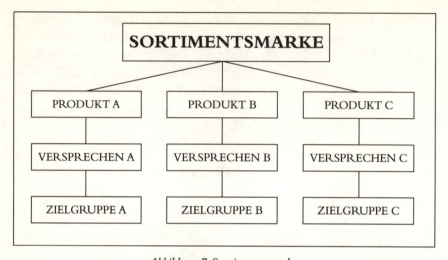

Abbildung 7: Sortimentsmarke
Quelle: In Anlehnung an M. Botton, J.-J. Cegarra, Le nom de marque, Paris 1990

mit der Linienmarke zeichnet die Sortimentsmarke ein breiteres Produkt-
umfeld aus. Von einem Basisprodukt ausgehend, hat das Unternehmen eine
Produktpalette entwickelt, die in unterschiedlichen Umfeldern plaziert ist.
Jedes Produkt erhält eine eigene Werbebotschaft, ohne daß das stabile und
starke Markenimage der Sortimentsmarke dadurch abgeschwächt wird, z. B.
TESA: KLEBEBAND, NOTES, KLEBER, POWER STRIPS (vgl. Abbil-
dung 8); CHANEL: No. 5, No. 19, ANTAEUS, MONSIEUR, COCO,
CRISTALLE, EGOÏSTE oder bei YVES SAINT LAURENT: OPIUM,
JAZZ, RIVE GAUCHE, PARIS, Y.

Die eigens auf jedes Produkt zugeschnittene Werbebotschaft greift auf
die starken Punkte der Marke zurück (Qualität, Vertrauen, Geschmacksstär-
ke), trägt aber dem Produktcharakter Rechnung (neue Aufmachung) und
entwickelt die Marke auf diese Weise weiter (Modernität, ausgereifter Charakter), wie JACOBS es mit seinen verschiedenen Kaffeesorten macht.

Ursprünglich ist eine Sortimentsmarke häufig eine sehr starke und bekannte Marke, die über ein hochwertiges Image in einem bestimmten Segment verfügt und Produktdiversifikationen einführen möchte. Die neuen
Produkte sind nicht wichtig genug, um autonom zu sein; statt der Bekanntheit der Marke sichern sie deren Fortbestand wie bei MAGGI.

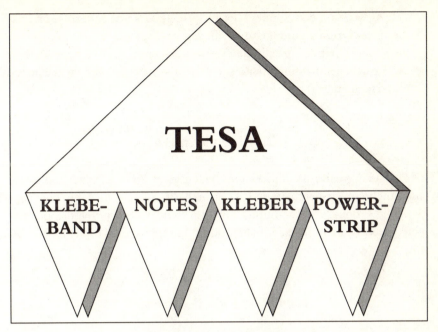

Abbildung 8: Dachmarke TESA
Quelle: NOMEN International Deutschland GmbH, Düsseldorf

Vor- und Nachteile der Sortimentsmarke

Die Sortimentsmarke erlaubt:

- die Markteinführung neuer Produkte dank der vorhandenen Markenverdienste zu vereinfachen: Bekanntheit, vorhandene Vertriebswege, etc.;
- das Image der »Muttermarke« durch die Einführung neuer Produkte zu erneuern und auf ihrem Kapital aufzubauen (Basisprodukte);
- die ausgedehnte Produktpalette auf einem engen Markt rentabel zu machen.

Die Sortimentsmarke stößt auf folgende Nachteile:

- das Risiko, wie eine freie Marke zu wirken, denn der Zusammenhang zwischen den Produkten ist nicht immer augenscheinlich (Beispiel: PALMOLIVE);
- die Schwierigkeit, sich auf eine große Produktpalette auszudehnen, ohne

sich zu weit von dem Umfeld der Ursprungsmarke zu entfernen und dadurch das Originalprodukt zu schädigen;
- die Komplexität der spezifischen Werbeaussagen;
- die Kosten der Kommunikationsentwicklung speziell für die kleineren Marktsegmente.

Die Absendermarke

Die Absendermarke beinhaltet eine heterogene Produktrange und damit auch mehrere Versprechen, und sie richtet sich an verschiedene Zielgruppen. Die Produkte werden unter einem Absender vermarktet, der mit seinem guten Namen für die Qualität bürgt. Ein typisches Beispiel ist NESTLÉ.

Der Gebrauch der Absendermarke

Die Aufgabe der Absendermarke ist es, den Zusammenhang und die Authentizität der Gesamtheit bestimmter Produkte zu unterstreichen:

- denn der Verbraucher erkennt leicht den Zusammenhang zwischen verschiedenen Produkten oder Produktpaletten, über die eine Marke verfügt. Die Absendermarke ist die Unterschrift des Herstellers, ein verbindendes Element;
- denn die Absendermarke gibt dem Verbraucher Sicherheit, indem sie ihn über die Herkunft des Produktes informiert. Der Hinweis auf den Hersteller dient gleichsam als Indikator für ein Markenfabrikat und eine Garantie für Zuverlässigkeit und Qualität.

Die Absendermarke findet sich in verschiedenen Bereichen, besonders in Parfümerien, wo sie generell mit Linienbezeichnungen verbunden ist, z. B. CHANEL, YVES SAINT LAURENT. Im Lebensmittelbereich, wo sie in erster Linie die Produktmarke identifiziert, sind DANONE, NESTLÉ, KNORR, MAGGI, JACOBS bekannte Beispiele.

Daß die Absendermarke eng mit Produktlinien, Produktsortiment und Produktmarken verbunden ist, ändert nichts an ihrem Ruf und an ihrer Qualität, denn die Rolle der Absendermarke ist im wesentlichen die eines Absenders. Die Werbebotschaft ist nicht mit der Absendermarke, sondern

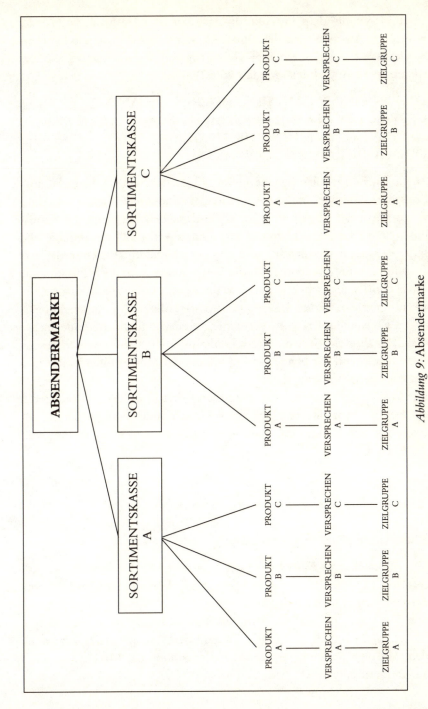

Abbildung 9: Absendermarke

Quelle: In Anlehnung an M. Botton, J.-J. Cegarra, Le nom de marque, Paris 1990

mit der Marke, die dem Produkt am nächsten ist, verbunden. Neben der Präsenz eines Absenders auf dem Produkt oder seiner Verpackung kann die Absendermarke auch durch den Gebrauch von Vorsilben innerhalb des Markennamens ausgedrückt werden, zum Beispiel:

- DANONE: DANY, DANETTE, DANEROLLE, DANINO;
- GERVAIS: GERVILLAGE, GERVITA;
- NESTLÉ: NESCAFÉ, NESQUIK, NESTEA;
- ODOL: ODOL MED 3, ODOL 'N' ICE.

In einem solchen Fall ermöglicht die Produktmarke zugleich die Individualisierung des Produktes und die Authentizität seines Ursprungs.

Diese Form der Marke wird vor allem dann benutzt, wenn das Unternehmen dem Produkt nicht zu viel Eigenständigkeit zubilligen möchte und sich die Produktmarke nicht zu weit von der Absendermarke entfernen soll und dadurch zum Eponym (z.B. die Verwendung vom TEMPO für alle Marken von Papiertaschentüchern) werden könnte. Vor allem Firmen, die Marken mit einem starken Image und Produkte, deren Zusammengehörigkeit der Konsument erkennt, vertreiben, greifen auf die Absendermarke zurück. Das Produkt oder die Produktlinie profitieren also von der Absendermarke, während der Name die Produkte (oder Linien) differenziert und ihnen ein eigenes Image verleiht.

Die Labelmarke, eine Variante der Absendermarke, ist eine Marke, deren Image sich für Produkte verbürgt, die von einer anderen als der Firma der Markeninhaberin produziert oder vertrieben werden: z. B. Parfüm von BOSS, GUCCI.

Vor- und Nachteile der Absendermarke

Die Absendermarke verfügt über einige Vorteile:

- Sie ermöglicht eine Ausdehnung der Marke auf verschiedene Produktkategorien, die vom Basisprodukt entfernt sein können, ohne daß ein widersprüchliches Image entsteht.
- Der Markenname ermöglicht es, den Produktbenefit zu unterstreichen und sich einem anderen Umfeld als dem der Absendermarke zuzuwenden. Auf diese Weise bereichert eine Benennung die Marke, wertet sie auf, modernisiert sie.

- Sie erleichtert die Akzeptanz eines neuen Produktes durch die Verbraucher und Händler.

Der Einsatz einer Absendermarke bringt jedoch auch einige Nachteile mit sich:

- Das Risiko einer möglichen Verwässerung der Marke in einem zu großen Umfeld ist gegeben.
- Das benannte Produkt wird zu einer Marke, die mit der Herstellermarke in Konkurrenz tritt. Auf diese Weise reduziert sie den Aktionsradius der Absendermarke, d.h. ihr Assoziationsumfeld.
- Es besteht die Notwendigkeit, wichtige Vermarktungsmittel für jede Marke (oder für jedes Produkt) einzusetzen.

Das Umfeld der Absendermarke kann hinsichtlich der Produkte sehr groß sein, dennoch ist es vorzuziehen, es nicht zu sehr auszuweiten, um die Markenidentität zu wahren.

Die Luxusmarke

Die Luxusmarke, die als Marke für besonders hochwertige Produkte aus den Branchen der Kleidung, des Schmuckes oder der Kosmetik kommt, ist eine spezielle Form der Marke.

Eine Luxusmarke kann man nicht kreieren. Der Status der Luxusmarke ist ein ganz besonderer, den die Marke erreicht, wenn sie über das ökonomische und kommerzielle Umfeld hinauswächst und zum Identifikationsmedium und zur gesellschaftlichen Referenz wird. Einige Namen erreichen den Status der Luxusmarke im Laufe ihres Lebens: Der Name ermöglicht es, eine Welt aufzubauen, er ist Ausdruck einer besonderen, einmaligen Markenidentität. Luxusmarken werden zum Kode, zum Mythos, zum Symbol. Sie können jedoch ihren privilegierten Status verlieren und wieder zu einer einfachen Marke werden.

Das Entstehen einer Luxusmarke

Eine Marke wird in dem Moment zur Luxusmarke, in dem sich ihr Bekanntheitsgrad ausdehnt und über den Kreis der bisherigen Benutzer hin-

t_0 bis t_n = Zeitraum, den eine Marke braucht, um zur Luxusmarke zu werden

Abbildung 10: Das Entstehen einer Luxusmarke
Quelle: NOMEN International Deutschland GmbH, Düsseldorf

ausgeht. Diese Veränderung kann sich jedoch nur vollziehen, wenn die Marke mehrere Charakteristika besitzt:

- ein Prestigeimage innerhalb ihrer Domäne (PIERRE CARDIN im Bereich der Mode; CHANEL, HERMES und DIOR im Bereich der Mode und des Parfüms);
- eine limitierte Zugänglichkeit des Produktes, ein selektiver Vertrieb mit exklusiven Verträgen und Konzessionen;
- eine untadelige Qualität;
- eine persönliche Verbundenheit des Verbrauchers mit dem signierten Objekt;
- Kreativität und Stil.

Die Rolle der Luxusmarke

Die Luxusmarke besitzt eine wertende Funktion. Das signierte Objekt muß von allen Benutzern wiedererkannt werden können, jedoch auch von denen, die es nicht benutzen wollen oder können, denn eine Luxusmarke enthält immer auch Kriterien zur sozialen Differenzierung. Sie muß zum sichtbaren Symbol werden: Sie bedarf einer visuellen Umsetzung, die für alle klar erkennbar ist (Signatur oder Monogramm) und die die Luxusmarke charakterisiert. Beispiele für Monogramme sind: der Polospieler von Ralph Lauren, KL von Karl Lagerfeld,)(von Coco Chanel.

War es auch früher ein Synonym für Status, Stil, Qualität und Kreation, so läßt sich seit einigen Jahren eine Destabilisierung des Luxusmarkensystems feststellen, insbesondere im Bereich der Bekleidung. Diese manifestiert sich, heute weniger denn je, in der Entstehung verschiedener Kategorien von Luxusmarken, die sich dank des besonderen Status einiger Marken an ein mehr oder weniger ausgewähltes Publikum richtet (RODIER, CARTIER). Der Status der Luxusmarke ermöglicht (und bedingt) eine Produktdiversifikation, die auf das Vertrauensverhältnis zwischen Verbraucher und Hersteller aufbaut, welches wiederum auf der Qualität der Produkte und der Kompetenz des Schöpfers basiert.

Der Gebrauch einer Luxusmarke

Der Status einer Luxusmarke kann vergänglich sein; um ihn zu verewigen, muß man ihn nicht nur mit juristischen Mitteln, sondern auch durch eine Erweiterung des Umfeldes, die das Image bestärkt, schützen und verteidigen.

Dieser Schutz wird generell durch eine Produktdiversifikation geleistet. Die Notwendigkeit, die Luxusmarke in verschiedenen Warenklassen schützen zu lassen und Lizenzverträge mit Fabrikanten der signierten Produkte abzuschließen, ermöglicht es auch, das Umfeld der Luxusmarke auszudehnen und zusätzliche Gewinne mit kreativen Kapazitäten durch die Erhebung von Lizenzgebühren zu erwirtschaften. Dies brachte auch eine Vielzahl von französischen Modedesignern dazu, ihren guten Ruf und ihr Image in anderen Bereichen, insbesondere in der Parfümerie und Kosmetik, zu nutzen (CHANEL, YVES SAINT LAURENT, CACHAREL). Einige, wie PIERRE CARDIN, haben sich sehr weit von dem Modeumfeld entfernt und den Vertrieb verschiedenster Produkte unter ihrem Namen autorisiert: Stifte, Bügeleisen etc. Sie gingen damit das Risiko ein, daß ihr Name zu einer gewöhnlichen Marke wird (PIERRE CARDIN besitzt mehr als 800 Lizenzpartner).

Eine solche Produktdiversifikation ist nicht das alleinige Vorrecht der großen Modedesigner: Unter dem Namen CACHAREL werden nicht nur Parfüme, sondern auch Kindermoden und Brillen vertrieben. Es handelt sich hierbei um eine vorsichtige Produktdiversifikation mit Produkten, die Modeaccessoires darstellen. Der Wunsch von Zino Davidoff, seinem Namen fünf verschiedene Produkttypen zuzuordnen (Männerkosmetik, Krawatten, Cognac, Uhren und Brillenfassungen), die nicht zum Raucherbedarf gehören, verdeutlicht das Streben, das Umfeld der Luxusmarke zu vergrößern, um sich vor möglichen Verlusten der Marke in den Bereichen, die mit dem Image der Marke harmonieren, zu schützen.

Diese Politik muß, ebenso wie alle unter der Marke vertriebenen Produkte, über ein sehr selektives, internationales Vertriebsnetz verfügen, das auch ein Symbol für eine elitäre Philosophie und eine Kommunikation ist, die zwei Prioritäten setzt: die Kreativität und die untadelige Qualität der Produkte.

Die Luxusmarke kann wie eine Sortimentsmarke oder wie eine Absendermarke eingesetzt werden. Als Sortimentsmarke gibt sie den Produkten Homogenität und Zusammenhang, wie man es häufig in der Taschenindustrie (HERMES), der Juwelierbranche (CARTIER) oder im Bereich der Prêt-à-Porter-Mode (CACHAREL, DANIEL HECHTER) beobachten kann.

Als Absendermarke verleiht sie den Namen eines Schöpfers einem Produkt (oder einer Produktlinie), das bereits eine eigene Marke darstellt, welche nicht im Bereich der ursprünglichen Aktivitäten des Namensträgers angesiedelt ist. Diese Praxis wird vor allem in der Parfümerie- und Kosmetikindustrie angewandt, in der luxuriöse Produkte unter dem Namen großer Modedesigner vermarktet werden (Beispiele: POISON von CHRISTIAN DIOR, No. 5 von CHANEL).

Die Luxusmarke weist in einigen Fällen ähnliche Vor- und Nachteile wie die Sortimentsmarke und die Absendermarke auf. Im Rahmen einer gut durchgeführten Diversifikation, die mit Lizenzvergaben arbeitet, bietet die Luxusmarke dem Schöpfer (Besitzer der Luxusmarke) und dem Lizenznehmer (Hersteller) einige Möglichkeiten.

Dem Lizenznehmer erlaubt sie:

- gegebenenfalls eine außenstehende, sichere (da bekannte) Kreativität zu benutzen;
- Produkte anzubieten, die sofort auf einem bestehenden, edlen Image aufbauen können;
- von den Werbeaktivitäten zu profitieren;
- eventuell einen Zugang zum Vertriebsnetz der Luxusmarke zu erhalten.

Der Schöpfer zieht Nutzen aus:

- der Möglichkeit, sein bisheriges Umfeld schnell auszudehnen;
- der sofortigen Rentabilität (Lizenzabgaben) ohne finanzielles Risiko;
- dem Vertriebsnetz des Herstellers, über das die Produkte schnell auf dem Markt eingeführt werden.

Eine Markenentwicklung kann nicht für eine Absendermarke oder eine Luxusmarke stattfinden. Diese müssen mit der Zeit wachsen und im Bewußtsein des Verbrauchers eine hohe Wertigkeit erreichen. In der Regel kreiert man Produkt-, Linien- und Sortimentsmarken. In der Tendenz ist zu beobachten, daß fast alle Marken als Linie oder Sortiment erweitert werden (siehe Abbildung 11). Dabei bedeutet Linie, daß es weitere Varianten des gleichen Produktes gibt wie zum Beispiel COCA COLA CLASSIC, LIGHT, als 1,5-l-Flasche, in der Dose oder in der Pfandflasche. Die Sorti-

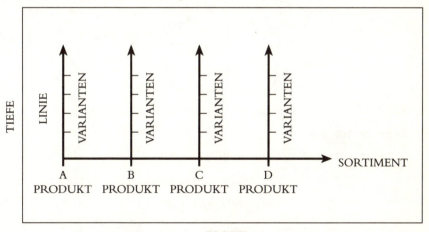

Abbildung 11: Produktlinie und Produktsortiment

Quelle: NOMEN International Deutschland GmbH, Düsseldorf

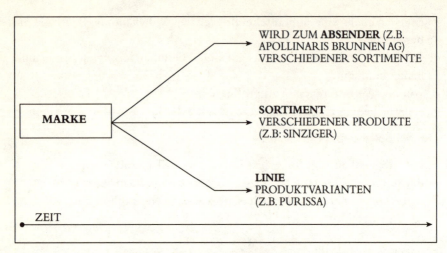

Abbildung 12: Weierentwicklung der Marke
Quelle: NOMEN International Deutschland GmbH, Düsseldorf

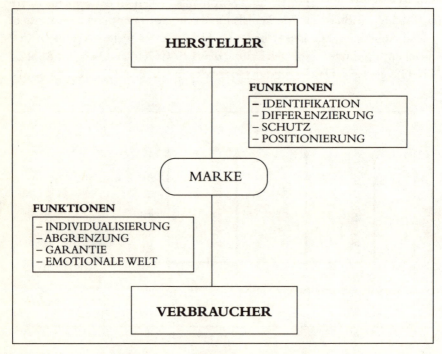

Abbildung 13: Funktionen der Marke
Quelle: NOMEN International Deutschland GmbH, Düsseldorf

mentserweiterung meint, daß eine Marke unterschiedlich positioniert wird, verschiedene Zielgruppen anspricht und dem Verbraucher verschiedene Versprechen gibt. Beide Erweiterungen gehen oft ineinander über. Denn erreicht eine Marke ein bestimmtes Image und Vertrauen bei den Verbrauchern, bietet es sich für die Hersteller an, daraus Kapital zu schlagen. Allerdings wird durch diese Erweiterungen die Marke auch oft verwässert, so daß erfahrene Consulter heute dazu raten, lieber weniger, aber dafür stärkere Marken zu positionieren.

Produkte und Marken

Nicht alle Produkte werden unter einer Fabrikmarke vertrieben; Händler bieten im allgemeinen ein Sortiment von Produkten an, unter denen zugleich verschiedene Typen vertreten sein können:

- Herstellermarken (immer),
- generische Produkte (eventuell),
- Handelsmarken (häufig).

Die Herstellermarken (Markenartikel)

Eine Herstellermarke ist jedes Produkt, das direkt vom Hersteller (Markenartikler) unter seinem Namen produziert und vertrieben wird (z.B. FRUCHTKÖRBLE von SÜDMILCH) im Vergleich zur Handelsmarke (ein nichtgenannter Hersteller produziert für einen Händler, der das Produkt vertreibt). Herstellermarken werden meistens am Point-of-Sale angeboten und können national, sekundär oder regional sein. Die Einstellung der Händler gegenüber diesen Produkten ist oft sehr gespalten:

- Einige bieten ein breites Sortiment an;
- andere führen nur die »großen« Marken;
- andere wiederum verdrängen sie zugunsten eigener Marken (Handelsmarken) aus ihren Regalen.

Die Funktion der Marke für den Hersteller

Die Marke hat für den Hersteller im wesentlichen drei verschiedene Funktionen:

- die Funktion der Billigung und der Differenzierung: der Ausdruck einer Positionierung;
- die Funktion der Authentizität des Unternehmens oder der Individualisierung der Produkte oder Dienstleistung;
- die Funktion der Kommunikation: Herkunft, Wert, Qualität.

Die meisten Autoren stimmen diesen drei Funktionen der Marke für den Hersteller zu.

Billigung

Die erste Funktion der Marke für ein Unternehmen besteht darin, den Besitz sowie die Billigung des Produktes oder der Leistung zu manifestieren. Durch die Markierung verliert das Produkt seine Allgemeinheit: Es wird zum unterscheidenden Attribut (zu einem »Charakter«) der Besitzerfirma. Die Billigung vollzieht sich durch die Akzentuierung der bestimmenden und unterscheidenden Merkmale des Produktes. Dieses Besitztum, dessen erster Ausdruck der Markenname ist, manifestiert sich, wenn es sich um eine Sortimentsmarke handelt.

Authentizität

Die zweite Rolle der Marke, die Authentizität des Produktes durch die Angabe eines Namens oder des Firmennamens, erlaubt dem Unternehmen, die Kreation des Produktes, für das es eine Garantie, eine Bürgschaft übernimmt, für sich in Anspruch zu nehmen. Dies ist die wesentliche Funktion der Absendermarke. Wenn der Hersteller seine Produkte oder Dienstleistungen individualisieren möchte, wird er sich eher für eine Produktmarke entscheiden.

Kommunikation

Der Name, der den hauptsächlichen Informations- und Werbefluß des Produktes darstellt, ist auch eine Quelle für Botschaften. Durch die Zeichen und die Symbole, die ihr zugeordnet sind, hat die Marke verschiedene Möglichkeiten:

- Sie kann eine Wertvorstellung, die mit der Qualität des Produktes verbunden ist, transportieren. Beispiel: MUST von CARTIER.
- Sie eröffnet die Möglichkeit verschiedener Assoziationen zu verschiedenen Themen (Geschichte, Personen, Geographie, etc.).

Unter diesem Gesichtspunkt ist die Wahl des Markentyps, der einem Produkt zugeordnet wird, wesentlich für den Kommunikationswert. Eine Kommunikationspolitik, die sich auf das Produkt und seine Individualisierung konzentriert, verpflichtet den Hersteller, eine Produktmarke einzusetzen.

Wenn das Produkt bezüglich seiner Werbebotschaft keine eigenen, spezifischen Eigenschaften im Vergleich zu anderen Produkten dieses Typs besitzt, ist es angebracht, eine Linienmarke oder eine Sortimentsmarke zu benutzen.

Generische Produkte

Generische Produkte sind häufig frische Waren wie Obst, Gemüse, Fleisch und Fisch. In diesem Bereich entstehen jedoch mehr und mehr Marken; insbesondere das Obst wird immer öfter durch Etikettieren vom Hersteller zu einer Marke gemacht, wie zum Beispiel die Bananen von CHIQUITA.

Auch Haushaltswaren (Waschpulver, Spülmittel etc.) oder Waren, von denen der Verbraucher nur ein Minimum an Qualität verlangt, zählen zu den generischen Produkten.

Die Handelsmarken

Für die Handelsmarke gibt es viele verschiedene Benennungen: Eigenmarke, gewidmete Marke, Handelsmarke, private Marke (privates Label). Wir unterscheiden jedoch nur zwei Typen von fundamental verschiedenen Handelsmarken: die Flaggenmarke und die Eigenmarke.

Die Flaggenmarke

Bei der Flaggenmarke benutzt eine Handelskette ihren Namen für alle Produkte. In Deutschland existiert noch kein Beispiel für eine solche Marke.

Aus England kennen wir MARKS & SPENCER und SAINSBURY, in
Frankreich gibt es CASINO. Die Flaggenmarke ist also de facto einer
Dachmarke gleichzusetzen.

Wir wollen diese Produkte (Produkte, die unter einer Flaggenmarke verkauft werden) wie Produkte mit einem veritablen, kommerziellen Namen
betrachten, auch wenn sie manchmal nicht mit einer Marke im juristischen
Sinne gleichzusetzen sind, wie es mit den von Markenartiklern kreierten
Marken der Fall ist.

Die Flaggenmarke transportiert Werte wie »Einfachheit« und »Ersparnis«.
Die Bedeutung ihres Namens unterscheidet sie von der Eigenmarke. Die
Produkte ziehen immer auch einen Nutzen aus der Firmenunterschrift des
Händlers auf der Verpackung, aus dem Logo oder dem Emblem.

Die Eigenmarke

Die Eigenmarke trägt nicht den Namen des Händlers, sondern sie soll verschiedenen Produkten eine spezifische Identität verleihen, z. B. ELITE von
Kaufhof als einfacher Sortimentsmarke oder RODEO von C & A als Luxusmarke.

Unter den Eigenmarken finden sich auch Markenkopien, die so genannt
werden, weil sie in ihrer Präsentation (Name, Schrift, Verpackung) an eine
»große« Marke erinnern sollen.

Die Benutzung von Handelsmarken beschränkt sich nicht mehr nur auf
den Lebensmittelbereich, wenn sie auch in diesem Bereich am häufigsten
eingesetzt werden. Der spezialisierte Vertrieb findet in den Handelsmarken
einen Weg, die Kundschaft zu segmentieren und die Produkte zu differenzieren. C&A z.B. bietet Produkte unter verschiedenen Eigenmarken an:
AVANT-SCENE (Damenbekleidung), CLOCK-HOUSE (Kleidung für
moderne, junge Mädchen), ANGELO LITRICO (Kleidung für Geschäfts-
männer), AVANTI (für junge Leute), RODEO (Sportbekleidung). Eine gewisse Anzahl an Kleidung wird bei C & A auch unter dem Namen des Unternehmens verkauft. Eine Übereinstimmung zwischen Handelsmarken
und Markenfabrikaten entsteht, wie das Beispiel C & A zeigt, in dem Moment, in dem der Händler seine Rolle erweitert, die Position des Herstellers
teilweise übernimmt und so dem Angebotenen eine eigene Identität verleiht.

Die Handelsunternehmen haben seit 1978 den Marktanteil der Handelsmarken langsam, aber stetig erhöht. Heute weist vieles darauf hin, daß sich die Entwicklung der Handelsmarken deutlich verstärken wird. Der Umsatzanteil eigener, imagebildender Marken des Handels verläuft ausgesprochen dynamisch und vielversprechend.

Die Zeiten, in denen No-Name-Produkte oder Kopien prominenter Markennamen durch den Handel von den Markenherstellern nur ein müdes Lächeln ernteten, sind fast vorbei. Die Waren mit Namen wie JA, NO NAME, DIE WEIßEN oder A+P haben sich in den »low interest«-Märkten mit Preisen, die bis zu 50 Prozent unter denen der Markenhersteller liegen, rasch durchgesetzt. Der Handel kann so mit eigenen Marken gute Gewinne machen. Das Konzept wurde Anfang der neunziger Jahre neu überarbeitet, und inzwischen haben Handelsmarken einen Marktanteil von gut 10 Prozent, bei steigender Tendenz. Thomas Dissieux, Geschäftsführer Zentrales Marketing der Spar Handels AG, rechnet damit, daß der Anteil der Handelsmarken bei SPAR in einigen Jahren bei durchschnittlich 30 Prozent liegen wird.

Schon jetzt kaufen 50 Prozent der Verbraucher regelmäßig Handelsmarken. Doch die Akzeptanz ist produktabhängig. Im Bereich der Molkereiprodukte drückt sich das Vertrauen in die Qualität der Handelsmarken stark abgestuft aus: Milchkonzentrate des Handels stehen mit 46,6 Prozent Umsatzanteil ganz oben in der Gunst, Käseprodukte an der Selbstbedienungstheke kommen auf 16,8 Prozent Umsatzanteil und Frischmilchprodukte sind mit 3 Prozent Anteilen weit abgeschlagen. Diese prozentualen Anteile können sich jedoch schnell verschieben, wenn der Handel mehr in das Marketing der Eigenmarken investiert. An den Herstellern soll es nicht liegen: Denn immerhin stellen 53 Prozent aller Nahrungsmittelhersteller schon heute auch Handelsmarken her; und 75 Prozent der Nahrungsmittelhersteller sind insgesamt bereit, für den Handel Produktinnovationen zu entwickeln.

In britischen Supermärkten ist bereits jeder dritte Artikel, der über den Kassentisch geht, eine Handelsmarke. Eine Studie der Unternehmensberatung Boston Consulting Group belegt, daß die Handelsketten mit größerem Eigensortiment bei der Rendite in Europa an der Spitze liegen, die britischen Ketten SAINSBURY und MARKS & SPENCER belegen dabei die ersten Plätze.

Im Versandhaus QUELLE teilt man diese Erfahrung. Mit einem Viertel Eigenmarken im Sortiment erzielt das Unternehmen 40 Prozent seines

Umsatzes. QUELLE-Signets wie PRIVILEG im Bereich der Hausgeräte oder REVUE für Kameras unterscheiden sich kaum noch von echten Markenartikeln. Das süddeutsche Unternehmen will die Bedeutung der eigenen Marken in den nächsten Jahren verdoppeln. Auch Handelsgiganten wie REWE, SPAR oder TENGELMANN beziehen angesichts der zunehmend aggressiven Discounter-Preispolitik und nachlassender Markentreue der Verbraucher immer mehr die Handelsmarken in ihr Kalkül ein. SALTO und ERLENHOF von REWE erweisen sich inzwischen als Spitzenmarken im Regal bzw. in der Tiefkühltruhe.

Da die Produktentwicklungskosten für den Handel geringer als für den Hersteller sind, ist das Produkt im Regal billiger und animiert zum Zugreifen. Doch der geringere Preis ist schon lange nicht mehr der einzige Grund für die Käufer, Handelsmarken in den Einkaufskorb zu packen. Heute handelt es sich dabei um Produkte, die mit denen der Markenhersteller durchaus konkurrieren in bezug auf Produktqualität, Verpackung und Design (Foto H: JASSANE):

Noch setzt der Handel die Marketinginstrumente des Produktmix nicht konsequent ein. Die Industrie entwickelt ihre Produkte mit einem hohen Aufwand. Dazu gehören Forschung und Marktstudien genauso wie die notwendige Produktionsstätte, die Zulieferer und die Rohstoffe. Dementsprechend arbeiten qualifizierte Marketingteams mit allen Elementen des Marketingmix von der Produktentwicklung über die Preispolitik, die Distribution und die Kommunikation mit der Namenskreation bis hin zur Verpackungsgestaltung und zu den Werbemaßnahmen. Die Hersteller entwickeln so neue Produkte, die der Nachfrage gerecht werden, und kommen dabei erst in der Reifephase der Produkte auf ihre Investitionskosten. Die Kopien der Herstellermarken hängen sich in diesen Lebenszyklus ein. Der Handel kann seine Produkte zu günstigeren Preisen anbieten, da er entsprechend weniger Entwicklungskosten hatte. Handelsmarken können so zu einer elementaren Bedrohung für die Markenartikler werden. Die kürzeren Lebenszyklen auf dem Markt verringern die Chancen, durch die einzelnen Produkte die entsprechenden Gewinne zu erzielen, um rentabel wirtschaften zu können.

Handelsmarken lebten bisher auch im Marketing hauptsächlich vom Kopieren. Einer in Frankreich durchgeführten Untersuchung zufolge waren dort 1978 gut 66 Prozent der Handelsmarken Kopien der Marktführer, innovative Produkte brachte der Handel nur 2 Prozent heraus, und 1 Prozent machte der Anteil an Nischenprodukten aus. Dies hat sich bis heute gründlich verändert. Zwar sind noch immer 49 Prozent der Handelsmarken Kopien von Herstellermarken, doch immerhin bringt der Handel inzwischen schon 14 Prozent innovative und 8 Prozent Nischenprodukte heraus.

Solche Veränderungen ziehen natürlich auch Veränderungen im Marketing mit sich. Werbung für die eigenen Marken zum Beispiel ist kein Tabu mehr. Ende Februar 1994 startete die EDEKA-Gruppe erstmals eine Hörfunk-Werbekampagne für eine Handelsmarke. Im Mittelpunkt steht die Sortimentsmarke BANCETTO mit ihren italienischen Produkten. Mit den Werbemaßnahmen soll der Umsatz des Eigenmarkensortiments von bisher 3,7 Prozent auf 8 Prozent gesteigert werden.

Die Funktionen der Handelsmarke für den Händler

Marken spielen für ein Handelsunternehmen auf zwei Ebenen eine wichtige Rolle:

- im Rahmen der Machtverhältnisse zwischen Markenartikler und Händler,
- im Rahmen des Einsatzes der Eigenmarken durch den Händler.

Zwischen der Herstellermarke (Produktname) und dem Firmenzeichen des Händlers (Name der Verkaufsstätte) besteht ein gewisses Machtverhältnis. Es kann sich auf folgende Weise äußern:

- Eine starke Handelsmarke wertet den Händler auf und verschafft ihm treue Kunden.
- Ein starker Handelsname bürgt für Markenware und führt eine treue Kundschaft zur Verkaufsstätte.

Im Lebensmittelhandel beruhen die Machtverhältnisse zwischen Markenartikler und Händler auf dem gegenseitigen Austausch von Kunden, und der Platz, den der Handelsname gegenüber dem Herstellernamen einnimmt, bestimmt die Markenpolitik des Händlers. Dagegen kann eine Marke, die durch ein Netz von spezialisierten Einzelhändlern vertrieben wird (Spielzeug, Elektroartikel), den Händler seines Namens berauben und ihn in den Augen der Kunden in einen Konzessionär der Marke verwandeln. Der spezialisierte Einzelhändler hängt also von starken Marken ab (Beispiel: PHILIPS).

Die Macht des Händlers gegenüber dem Hersteller besteht in der Vergabe von Regalplätzen zwischen anderen Herstellermarken und Handelsmarken. Dies ist nicht nur ein Mittel für den Händler, sich mit den Produkten zu identifizieren, sondern stellt auch eine geschickte Wirtschaftspolitik dar, die sich besonders in der Entwicklung der Handelsmarken niederschlägt.

Anfangs bestand das Hauptinteresse der Händler darin, eine bessere Versorgung in einer Zeit zu gewährleisten, in der weder gleichbleibende Qualität der Produkte, noch Preisstabilität und Lieferzuverlässigkeit durch die Industrie garantiert werden konnten. Zunächst ging es also im wesentlichen darum, gewisse Abläufe in der Zusammenarbeit mit der Industrie besser kontrollieren zu können. Die Durchdringung der Handelsmarken, die von Land zu Land und von Produkt zu Produkt variieren, läßt sich durch das Interesse der Handelsketten an einem überschaubaren Ablauf von Produktion, Vertrieb, Konsumtion erklären.

Für den Hersteller bieten die Handelsmarken den Vorteil, daß er ein regelmäßiges Verkaufsvolumen sicherstellen sowie die Risiken und die Kosten für die industriellen Investitionen besser kalkulieren kann.

Auch dem Händler bietet die Handelsmarkenpolitik viele Vorteile:

- die Marktorganisation in Zusammenarbeit mit den Herstellern;
- die Regulierung der Versorgung;
- die Möglichkeit, hohe Handelsspannen der Produkte zu erzielen, die keinen Preisvergleich mit anderen Geschäften erlauben, da sie nur in einer Ladenkette angeboten werden;
- die Treue einer bestimmten Kundschaft aufgrund einer bestimmten Marke (z. B. RIOGRANDE bei ALDI);
- die Aufwertung der Selektionsfunktion dank einer Marke, die manchmal als Label fungiert (Firmenschild);
- die Aufwertung der Kreationsfunktion bei den Produkten, die exklusiv auf Händleranfrage hergestellt werden und nur in einer Ladenkette vertrieben werden;
- der Förderung der Ladenkette mit Hilfe einer Marke, die den Verbrauchern bekannt ist.

Die Funktion der Handelsmarke für den Verbraucher

Für die Verbraucher liegt der Hauptvorteil der Handelsmarken in dem Angebot von preiswerteren Produkten bei gleicher oder etwas geringerer Qualität im Vergleich zu Markenartikeln. Dennoch existieren auch einige Nachteile, wie z.B.:

- eine einseitige Bevorzugung der Handelsmarke in den Regalreihen (privilegierte Plazierung, Überangebot) des Händlers;
- eine Reduzierung des Angebotes (und folglich auch der Auswahl) durch Senkung der Markenvielfalt (z.B. AS bei SCHLECKER);
- eine gewisse »Verschleierung« des Angebotes, da der Verbraucher nicht erkennen kann, wer die Ware produziert.

Studien über das Kaufverhalten bei Lebensmitteln heben hervor, daß die Motivation der Verbraucher vor allem durch die Qualität beeinflußt wird, während der Preis ausschlaggebend für die Wahl einer Handelsmarke ist. Eine Analyse des Kaufverhaltens, die im zweiten Drittel des Jahres 1983 bei 33 Familien durchgeführt wurde, zeigt die Bedeutung der Handelsmarken im Bereich der trockenen und fetthaltigen Lebensmittel und erlaubt folgenden Rückschluß: Das jeweilige Einkommen der Konsumenten ist ausschlaggebend und bekräftigt die Vermutung, daß Handelsmarkenprodukte vor allem wegen des Preises gekauft werden.

Bei einer detaillierten Analyse von Handelsmarken sollte man stets berücksichtigen, daß es große Unterschiede zwischen ihnen gibt und ihre Bedeutung im Angebot und in der Größenordnung des Verkaufes vom einen zum anderen Händler differiert.

In ein und derselben Produktkategorie ist der Verbraucher heutzutage mit einem sehr vielfältigen Angebot konfrontiert, denn er kann wählen zwischen: Markenfabrikaten, generischen Produkten und Handelsmarken (zu den Funktionen der Marke für den Verbraucher siehe auch in Kapitel 6: Der Verbraucher und die Marke).

4. Die Herkunft von Markennamen

Der Einfluß von Eigennamen

Häufig ist die Quelle der Inspiration bei der Namensgebung der Eigenname: der Name eines Produkterfinders, eines Unternehmensgründers oder eines Herstellers. Hinzu kommen Ruf- oder Familiennamen von Persönlichkeiten, die geehrt werden sollen. Es sind historische Gestalten aus der Kunstgeschichte, der Mythologie oder sogar noch lebende Persönlichkeiten. Zu dieser Kategorie zählen auch geographische Bezeichnungen, Hinweise zum Herstellungsort (WARTBURG), zum Vermarktungsraum oder einfach exotische Assoziationen (MONTEREY von OPEL, FIDJI, ein Parfüm von Guy Laroche).

Der Name des Erfinders

Versetzen wir uns in die Situation eines Produkterfinders in der frühen Phase der Industrialisierung gegen Ende des 19. Jahrhunderts. Die Zeit der großen Marken hatte gerade begonnen, vielleicht entwickelte ein Erfinder gerade ein Auto oder schuf eine besondere Nahrung oder war Pionier in der chemischen Industrie. Nun sucht er einen Namen zur Vermarktung, denn das Produkt muß schließlich identifiziert werden. Seine ganze Energie und Schaffenskraft steckt in dieser neuen Errungenschaft, er ist stolz darauf. Also versieht er sein Produkt natürlich mit seinem Namen:

In der Automobilindustrie in Deutschland waren es Ferdinand POR-SCHE, Gottlieb DAIMLER und Karl BENZ sowie Adam OPEL, in den

USA setzte Henry FORD seinem Namen ein Denkmal, und in Italien schuf Enzo FERRARI sein erstes Modell. Autos in Frankreich hießen dementsprechend nach Louis RENAULT, Armand PEUGEOT und André CITROËN und in Großbritannien nach Herbert AUSTIN. Auch für andere Branchen lassen sich zahlreiche Beispiele finden:

- Elektrotechnik: Robert BOSCH, Gottlob BAUKNECHT (er eröffnete 1886 eine Werkstatt in Albeck bei Ulm), Werner SIEMENS (1847), Gerard PHILIPS.
- Mode: Christian DIOR, YVES SAINT LAURENT, Coco CHANEL, René LACOSTE, JIL SANDER, Wolfgang JOOP.
- Schmuck: François CARTIER eröffnete 1847 das erste Schmuckgeschäft der Cartier-Dynastie in Paris.
- Getränke: Jacob SCHWEPPE – er wollte bereits 1783 Mineralwasser mit künstlicher Kohlensäure herstellen. Sechzehn Jahre später (1799) verkaufte er sein Patent mit Warenzeichen an drei Geschäftsleute, die auf Jersey lebten. 1870 entwickelten sie die Formel für INDIAN TONIC und GINGER ALE. In vielen Ländern ist SCHWEPPES heute zur Gattungsbezeichnung geworden.
- Lebensmittel: Julius MAGGI kreierte die Brühwürfel, Rudolph LINDT gründete 1879 die erste Schokoladenfabrik in Bern und erfand die Milchschokolade, John Harvey KELLOGG, ein Arzt für Magenheilkunde, erfand die berühmten Flocken aus Getreide.

Vor einer schwierigen Entscheidung steht der Namensgeber bei bereits eingetretenem Erfolg. Denn meist bleibt es ja unter seinem Namen nicht bei einem Produkt, sondern er erweitert die Produktpalette. So muß er entweder neue Namen finden, also Monomarken kreieren, oder alle Produkte unter dem gleichen Label als Sortimentsmarke vermarkten. Deshalb galt in der Automobilindustrie auch lange Zeit die Regel, daß weitere Modelle eines Herstellers durchnumeriert wurden, wobei jeder Hersteller sein eigenes Zahlensystem verwendete.

Im Laufe der Zeit wird der Herstellername dann zur Sortimentsmarke. Sie wird für viele unterschiedliche Produkte eingesetzt: PHILIPS (Elektrogeräte, Hi-Fi), SIEMENS (Haushaltsgeräte, Computer), BOSCH (Haushaltsgeräte und Kfz- Zubehör, siehe Foto I: AERISTO).

In den meisten Fällen steht der Name als Garant für die Qualität aller hergestellten und vermarkteten Produkte. Manchmal allerdings ist der deutlich sichtbare Name nur auf einigen ausgewählten Produkten verwendet, so zum Beispiel bei ROCHER von FERRERO und bei den Waschmitteln von HENKEL. Dagegen wissen nur wenige, daß auch NUTELLA oder die MILCHSCHNITTE von FERRERO sind und THERA-MED von HENKEL stammt. Denn bei diesen Produkten erscheint der Absender nur im Rahmen der gesetzlichen Vorschriften, also so distanziert wie möglich, so ist es auch bei den Marken von UNILEVER, PROCTER & GAMBLE. In diesem Fall haben sich die Unternehmen dafür entschieden, ihre Produkte als Markenartikel unter eigenen Namen zu verselbständigen.

Aber auch die Benutzung des Familiennamens will gut durchdacht sein. Denn bei gewöhnlichen oder häufig vertretenen Familiennamen geht man das Risiko ein, daß ein anderer Hersteller ihn schon für sich in Anspruch genommen hat: So gibt es KLÖBER zum einen für Möbel und zum anderen für Dachdeckerbedarf; HENKEL ist der Chemiekonzern, HENKELL die bekannte Sektmarke. Und DUPONT wird gleich dreimal verwendet – für Chemie, für Weinbrand und für Schreibgeräte.

Eine weitere Form der Namensgebung sind Ableitungen von Eigennamen. Ist der Eigenname zu kompliziert, zu lang, oder handelt es sich sogar um mehrere Namen, haben die Namensentscheider ihn oft abgeändert oder gekürzt. Dies ist der Fall bei den meisten japanischen Namen, weil sie im Ausland, also in den Absatzmärkten, zu schwer auszusprechen sind. MAZDA zum Beispiel ist aus dem Nachnamen Matsuda hervorgegangen, da die Japaner das *u* in der Aussprache eher verschlucken. Sie sprechen also Matsuda wie Mazda. Eine ähnliche Geschichte prägte die TOYOTA MOTOR COMPANY. Der Name der Gründerfamilie, Toyoda, bedeutet im Japanischen »üppiges Reisfeld«, so daß aus Marketingüberlegungen ein neuer Name für das 1937 gegründete Unternehmen gesucht wurde. Daher schrieb das Unternehmen 1936 einen öffentlichen Wettbewerb aus, in dem 27.000 Vorschläge eingingen. TOYOTA, was im Japanischen keine Bedeutung hat, wurde schließlich ausgewählt.

Manchmal wird ein Markenname durch das Zusammenziehen von verschiedenen Namen geboren, so zum Beispiel die Kreation ADIDAS von Adolf Dassler (dessen Spitzname Adi war). Ähnlich verhält es sich bei ROWENTA (Robert Weintraud) oder bei Romain Lefèvre und Pierre Utile, die ihre Nachnamen miteinander verschmolzen haben und so die Marke LU kreierten.

Eine weitere interessante Variante des Eigennamens als Marke ist die Kreation einer aussprechbaren Buchstabenkombination (Akronym), die aus dem Eigennamen entsteht. Dies ist der Fall beim Autohersteller NISSAN

(Nihan Sangyo), bei GEHA (Georg Hübner), und aus Eduard Schopf wurde EDUSCHO. Akronyme können auch aus der Firmierung entstehen, wenn der abgekürzte Familienname noch mit weiteren Hinweisen kombiniert wird, wie zum Beispiel mit dem Ort, der Gesellschaftsform, dem Geschäftsbereich usw. Dies geschah beim Möbelhaus IKEA (Ingvar Kamprad aus Elmtaryd in der schwedischen Provinz Algunnazyd).

Im Zuge der internationalen Vermarktung von Produkten stellte sich oft heraus, daß der ursprüngliche Firmenname zu lang war, um dem ausländischen Markt zugemutet zu werden. Also kürzten die Hersteller, und es entstanden Ableitungen von Firmennamen: Aus Hans Riegel, Bonn, wurde HARIBO, die Batterien von Union Carbide hießen UCAR, und VARTA ist die Abkürzung von Vertrieb Aufladung Reparatur Transportabler Akkumulatoren. AGFA ist eine Abkürzung von AG für Anilinfabrikation, ERGEE heißt ausgesprochen Edwin Rössler, Gelenau, und ELBEO leitet sich ab von L.B.O., was ausgeschrieben Louis Bahner, Oberlausitz, heißt.

Eigennamen von Firmengründern wirken im Gegensatz zu geographischen oder historischen Bezeichnungen auf den Verbraucher wie Kunstnamen, weil die Patronymika nur im seltensten Fall einen Bezug zum Produkt herstellen. Nur wenige Firmengründer haben das Glück, daß ihr Name für die Verbraucher zugleich ein Versprechen herstellt: FALKE-Socken wecken Assoziationen zu beflügelten Füßen, oder OTTO weckt vom Klang her Assoziationen zu groß, dick, umfangreich. SCHWARZKOPF erfand 1903 das Shampoo in Pulverform – hier trifft das bekannte Sprichwort »Nomen est Omen« zu. Das gilt auch für die Familie SEIDENSTICKER, die die Hemden mit dem schwarzen Röschen schneidert.

Geographische Bezeichnungen

In einigen Warenklassen finden wir die geographische Herkunft als Name von Artikeln. In diesem Fall schien es den Namensgebern sinnvoll, ganz explizit eine Referenz zum Herkunfts- oder Herstellungsort anzuführen. Dies geschah beispielsweise im Fall der DRESDNER BANK. Auch der WARTBURG erhielt seinen Namen ganz einfach von dem ursprünglichen Herstellungsort, und SEAT verweist mit seinen Modellnamen auf das Herstellungsland Spanien (MALAGA, IBIZA, MARBELLA, RONDA, SEVILLA). Die Butter KERRYGOLD bekam ihren Namen nach einer irischen Grafschaft und HANSAPLAST kommt aus der Hansestadt Hamburg. Doch heute kann der Käufer den Sinn der geographischen Bezeichnung kaum noch nachvollziehen oder darin ein besonders hochwertiges Versprechen sehen.

Manchmal erhalten Produkte auch aus politischen Gründen einen anderen Namen. So versah die FORD-Werksleitung in Deutschland ihre Modelle erst ab 1933 mit eigenen Namen. Als RHEINLAND, EIFEL oder TAUNUS rollten die Autos über die Straße, weil damals »nichtdeutsche« Autos bestimmte öffentliche Parkplätze nicht benutzen durften.

Inzwischen wählen viele Autohersteller exotische Namen wie ASCONA, MONZA und MONTEREY bei OPEL oder weltmännisch MONDEO bei FORD.

Die Anspielung auf die geographische Herkunft kann auch auf eine sehr dezente Art und Weise erfolgen: Der Name der Schweizer SWATCH-Uhren (Zusammenziehung von Swiss und watch) informiert die Zielgruppe über die Schweizer Herkunft der Uhren. Das ist gerade hier ein wohldurchdachter Marketingzug. Denn weltweit eilt der Schweiz ihr Ruf als Herstellungsort für den Inbegriff von guten Uhren voraus. Ein ähnlicher Qualitätshinweis steckt in dem Namen DEUTSCHE BANK.

Geographische Bezeichnungen können allerdings für eine zukünftige Vermarktung auch einschränkend sein: Die Qualität der Produktionsstätten in den neuen Bundesländern wurde zu Beginn der Vereinigung so stark in Frage gestellt, daß es auch heute noch Vorbehalte gibt, im Namen auf die ostdeutsche Herkunft zu verweisen.

Eine andere Variante ist das freie Erfinden geographischer Namen wie bei OIL OF OLAZ. Olaz soll in diesem Fall eine erfundene Stadt im Orient sein, damit Verbraucherinnen durch den Klang orientalische Schönheit und exotische Düfte assoziieren.

Historische Persönlichkeiten

Nicht immer werden Produktnamen oder Firmenbezeichnungen auf so einfache Weise von Firmengründern oder Herstellungsorten abgeleitet. Schon vor 150 Jahren machten sich viele Hersteller Gedanken über Namen für ihre Produkte. Oft haben sie erkannt, daß schon der Name produktgeeignete Assoziationen beim Verbraucher wachrufen kann, und sie haben diese Chance genutzt, um ihre Produkte besser zu verkaufen.

Namen von Persönlichkeiten greifen auf ein allgemeines Kulturgut der

Menschheit zurück, mit dem jeder Konsument etwas verbinden kann. Cäsar ist für uns zum Beispiel der Inbegriff von Kraft, Kultur, Macht und Reichtum. So wurde bei Namensgebungen oftmals auf bestehende Eigennamen von historischen Persönlichkeiten zurückgegriffen, mit denen jeder etwas verbindet. In allen Produktbereichen und zu jeder Zeit wurden Produkte mit Namen von Personen aus der Mythologie, der Kunst und der Geschichte verbunden.

Deshalb bereichern nicht wenige mythologische oder literarische Dokumente die Inspirationsquellen der Namensschöpfer. Dabei kann es sich um die griechische oder römische Mythologie handeln, die dann in die verschiedensten Bereiche wie Haushaltsreiniger, Parfüms, Sportartikel, Kosmetik oder Lebensmittel einfließt: Der Reiniger AJAX (Colgate Palmolive) stammt vom griechischen Gott Aias, einem Halbgott für schallendes Gelächter. ANAIS ANAIS, das Parfüm von CACHAREL, ist nach der persischen Liebesgöttin benannt. NIKE, der bekannte Name aus der Sportwelt, kommt von der griechischen Göttin des Sieges, und das Vollwaschmittel ARIEL von PROCTER & GAMBLE erhielt seinen Namen aus der Weltliteratur. Es wurde nämlich nach dem Luftgeist in Shakespeares Stück »Der Sturm« benannt. Auch Goethes MEPHISTO aus dem »Faust« wurde benutzt, um eine bekannte Schuhmarke zu benennen. Im Bereich der Lebensmittel finden wir wiederum viele mythische Figuren: AURORA ist ursprünglich nicht der Name eines Mehls, sondern der der römischen Göttin der Morgenröte, DEMETER war die griechische Göttin des Getreideanbaus und steht heute für gesunde Ernährung, MONDAMIN hieß der indianische Maisgott, denn Maisprodukte waren schon durch MAIZENA abgedeckt, und SHEBA ist die englische Version der Königin von Saba, einer ausgesprochenen Katzenliebhaberin in Ägypten. Besonders originell taufte Pharmahersteller SCHERING seine Antibabypille: Sie heißt DIANE nach der Göttin der Jagd in der griechischen Mythologie. PENATEN schließlich schützt heute die Kleinen vor wunder Haut und galt den alten Griechen schon als Gott zum Schutz der Familie und des Hauses. Manchmal jedoch täuscht der erste Anschein: MARS (Schokoladenriegel) und HERMES (Parfüms und Luxusgüter) entstanden aus den Nachnamen von Franck Mars und Thierry Hermès.

Natürlich machten die Namensgeber auch vor bekannten Gemälden nicht halt und nahmen ihre Anleihen: Aus Leonardo da Vincis Mona Lisa zum Beispiel wurde die Milka-Süßigkeit MONA LILA von JACOBS SUCHARD. Waren in der Geschichte, der Kunst oder der Mythologie keine passenden Namen zu finden, erfand man sie einfach: MEISTER PROPER, O'LACY'S.

Und ganze Branchen leben von den Vornamen des weiblichen Teils der Welt. So finden wir beim Auto zum Beispiel CARINA oder SERENA und bei der Taufe von Frauenzeitschriften sind Namen wie JOY, ALLEGRA, AMICA oder YOYO die Ausnahme in der Riege der Frauennamen: BRIGITTE, PETRA, MARIE-CLAIRE, ANNA, LAURA, CARINA, BELLA, MONIKA, TINA, EMMA etc.

Die Namensgebung anhand von Menschen, die schon zu Lebzeiten den Rang historischer Persönlichkeiten erreichen, kann auch zu Problemen führen, wie die folgende Geschichte belegt:

Die Düsseldorfer Firma Plange ist ein Unternehmen mit Tradition. Seit nunmehr zweihundert Jahren mahlen die Plange-Mühlen Getreide zu Mehl. Daß das hochwertige Produkt einen Namen braucht, um erfolgreich vermarktet zu werden, erkannte Hersteller Plange schon sehr früh. Welcher Markenname konnte geeignet sein, um sein Mehl zu identifizieren und zu differenzieren? Der alte Plange überlegte und ließ kurzerhand das aktuelle Zeitgeschehen bei der Taufe des jungen Mehls Pate stehen. Im Zuge der deutschen Einigung, entschied er, sollte das Mehl nach dem deutschen Kaiser Wilhelm I. benannt werden. Und so erhielt es denn 1871 den würdigen Namen KAISER MEHL – eine durchaus moderne Namensgebung, die für die Qualität der Unternehmensführung und das zukunftsorientierte Marketing spricht. Plange hatte mit KAISER MEHL einen der ersten deutschen Namen im Lebensmittelbereich kreiert, bei dem kein Bezug zum Produkt zu erkennen war. Statt dessen schwingt im Namen ein Hinweis auf die Hochwertigkeit des Mehls mit. KAISER MEHL – und das macht den innovativen Charakter des Namens aus – beschreibt nicht das Produkt, sondern seine Persönlichkeit.

Trotz allem war das Risiko bei der Namensgebung nicht bedacht worden: Lebende Personen haben die Eigenschaft, sich weiterzuentwickeln. So geschah es, daß die Meinungsunterschiede zwischen dem Kaiser und seinem Kanzler im Jahre 1890 zur Entlassung Bismarcks führten. Eine Entwicklung, die Hersteller Plange dermaßen erboste, daß er Konsequenzen zog. Der KAISER wurde aus dem Namen entlassen, das Produkt in DIAMANT MEHL umbenannt.

Noch heute werden Produkte nach bekannten Persönlichkeiten bezeichnet. Diese Praxis birgt noch genauso viele Gefahren wie vor gut hundert Jahren. Welchen Ruf hätten wohl die Wodkamarken GORBATSCHOW und JELZIN, wenn das Ende des Kommunismus mit einem Krieg verbunden gewesen wäre? Wie wird sich das Image von Jelzin in der Öffentlichkeit weiterentwickeln? Ist es nicht gerade bei ihm, der bekanntermaßen Probleme mit dem Alkoholkonsum hat, paradox, Taufpate für einen Wodka zu sein? Oder ein anderes Beispiel: Glücklicherweise trägt das Parfüm von Priscilla Presley ihren Namen und nicht den ihres Schwiegersohnes Michael Jackson, der den Vorwurf des Kindesmißbrauchs bis heute nicht entkräften konnte. Auch das Opel Sondermodell STEFFI GRAF ist bekanntlich ins Schleudern gekommen, als der Steuerskandal um die Graf-Familie 1995 immer höhere Wellen schlug.

Die Gegenwart und die Menschen, die in ihr vorkommen, sind eine spannende Sache. Für die Namensgebung sind sie dagegen meist ungeeignet. Ein Name soll Geschichte machen, keine Geschichten.

Zahlen in Markennamen

Wird der Erfindername als Firmenname verwendet, müssen im Zuge der Produkterweiterung die unterschiedlichen Produkte eine Bezeichnung erhalten. Der Eigenname steht dann als Garant für die Herstellerqualität, und einfache Bezeichnungen wie mathematische Ziffern sollen die Produkte unterscheiden. So geschah es auch zu Anfang des Jahrhunderts bei allen Automobilherstellern: Beim alten AUDI 100 und 200 sowie bei den heutigen Modellen A 4, A 6, A 8 dienen die Zahlen zur Unterscheidung des Hubraumes. Beim MERCEDES 190, 200, 600 gaben die Zahlen den Hubraum in Kubikzentimetern an, heute werden die Wagen in C-, E-, und S-Klasse eingeteilt. Bei BMW 3.16, 5.20, 7.25 verweisen die Zahlen auf das bezeichnete Modell plus Hubraum. Der PORSCHE 911 sollte ursprünglich 901 heißen. Man mußte auf eine andere Zahlenkombination ausweichen, da erstere von Peugeot bereits geschützt war. Beim RENAULT 5, 19, 20 und 25 lieferten die Nummern einen Hinweis auf die Größe des Modells, während PEUGEOT drei Ziffern mit einem O in der Mitte wählte, um das Loch der Antriebskurbel zu verdecken.

Die Nummernvielfalt ließ für den Verbraucher nur noch selten Rückschlüsse auf das Modell zu. Es blieb nur eins in den Köpfen: Je höher die Nummern, desto teurer das Auto – und wenn man bereits bei der 900er Reihe angelangt war, blieben nur noch Zahlen über 1.000. Und bewiesen ist, daß ab vier Zahlen die Merkfähigkeit sehr gering ist, denken wir nur an Konto- und Kreditkartennummern. Käufer und Journalisten wehrten sich auf ihre Weise und verpaßten ihren Lieblingsmodellen eigene Namen: der CITROEN 2CV wurde zur ENTE, der 600er MERCEDES zum PULLMANN – frei nach dem Luxuswaggon des Eisenbahnherstellers Mortimer Pullmann –, der VW TYP1 zum KÄFER, der PORSCHE 911 zum CARRERA.

Nachteile der Bezifferung statt Benennung der Produkte liegen in den eingeschränkten Kombinationsmöglichkeiten. Denn über drei Ziffern sind nicht merkfähig, und es stehen insgesamt nur 10 Ziffern zur Verfügung, d.h. 999 Kombinationen. Dagegen gibt es 26 Buchstaben, die auch in längeren Reihenfolgen kombinierbar sind. Durch ihre Einschränkungen konnten die Zahlen mit der Zeit der Produktvielfalt nicht mehr gerecht werden, geschweige denn Emotionen über die Produkte transportieren. Der MERCEDES 190 stand zum Beispiel für die 190er Baureihe mit einem 180er Motor. Der MERCEDES Typ 300 von 1951 entwickelte sich im Laufe der Jahre weiter in einen 300B, 300C, 300D Cabriolet, 300 lang (Adenauer), 300D, 300D extralang, 300S Coupé und Cabriolet, 300SC, 300SL. Gleiche Motoren fand man im 250D und 190D 2,5 Liter, im 300 E und 300 SE, 190 E 2,6 Liter, 260 E und 260 SE. Bei AUDI und MERCEDES gab es Überschneidungen, beide hatten ein 200er Modell, dito bei BMW und MAZDA mit dem 323er Modell. PORSCHE und PEUGEOT einigten sich im Fall des 901er Modells. Schnell konnte der Verbraucher aus der Höhe der Zahl nicht mehr auf die Größe des Modells schließen. Das System geriet ins Wanken (siehe Foto J: CITROEN). Hinzu kam, daß die Ziffern auch internationale Hürden nicht so leicht überwinden konnten. Um nur ein Beispiel zu nennen: Die Zahl Vier ist in einigen asiatischen Ländern das Symbol des Todes, prompt ließ sich der MERCEDES 400 dort schlecht verkaufen.

Ähnlich wie Zahlen funktionieren auch unaussprechbare Buchstabenkombinationen oder Buchstaben-Zahlenverbindungen. Sie können in der Regel nicht länger als drei Buchstaben sein, wie bei BMW oder AEG, sind oft nicht gut zu merken und schlecht zu unterscheiden, wie wir etwa an den Abkürzungen großer Werbeagenturen sehen: DBB, DMBB, BBDO.

Auch international kann der Hersteller mit solchen Kombinationen auf die Nase fallen: Der TOYOTA MR2 wurde in Frankreich in MR umgetauft, da die Franzosen an »merde« und »merdeux« (Scheiße, Scheißer) dachten. Die Deutschen befremdete seit Anfang der siebziger Jahre die Abkürzung der Royal Air Force (RAF), da sie an eine bekannte terroristische Gruppierung dachten.

Zahlen- und Buchstabenkombinationen lösen selten produktbezogene Assoziationen aus. Ebenso ist der emotionale Inhalt einer Zahl gering, selbst wenn bei der Namensgebung eine Logik vorhanden war. Denn manche Zahlen finden ihren Ursprung in der Herkunftsbezeichnung:

PUBLICIS bezeichnete eine französische Agentur, die Agence de Publicité in der no 6 (six) der Pariser Straße. Die Zigarette R6 wurde nach der Reichsstraße Nr. 6 getauft und erhielt dann in der ehemaligen DDR den Namen F6 nach der neubenannten Friedensstraße. Das Parfüm 4711 haben sogar französische Soldaten getauft: Bei der Besetzung Kölns durch Napoleon schrieben seine Soldaten 4711 auf die Tür der Parfümfabrik, als sie die Straßen durchnumerierten. ERNTE 23 verweist auf das Herstellungsjahr 1923, das ein sehr gutes Ergebnis in der Tabakernte brachte.

Manchmal werden auch interne Codenamen zum Inbegriff einer Marke. CHANEL NO 5 war nach einigen erfolglosen Versuchsreihen die fünfte Duftvariante einer Serie, die dem exklusiven Geruchssinn von Coco Chanel zusagte. Doch hat ein Parfümhersteller diese Methode der Produkttaufe für sich in Anspruch genommen, ist der Witz und das Überraschungsmoment vorbei. Und schließlich gibt es die Variante, daß durch Jahreszahlen aus der Zukunft dem Produkt Wegweisendes und Modernes mit in die Wiege gelegt werden. So gibt es zum Beispiel ein Pflanzenschutzmittel, das bereits seit dreißig Jahren SPIESS URANIA 2000 heißt. Der beabsichtigte Effekt hält aber frühestens bis zum Jahr 1999 – und dann?

Hinweise auf die Produkteigenschaften

Manchmal ist es der Wunsch des Herstellers, eine oder mehrere Funktionen und Eigenschaften des Produktes durch die Markenbezeichnung auszudrücken. Dann sagen die Namen aus, was, wofür, für welchen Zeitpunkt, für wen oder wie das Produkt ist. Die Zusammensetzung des Produktes (was) fassen wir unter dem Begriff Komposition zusammen, die Angaben zum Verbrauchermoment (wofür oder wann) oder zur Zielgruppe (für wen) nennen wir Indikation, und die Art des Produktes (wie) ist seine Persönlichkeit.

Die Komposition

Besonders im Bereich der Lebensmittel oder der Pharmazeutika finden wir Beispiele, daß die Hersteller im Namen auf die Zusammensetzung und den Inhalt des Produktes verweisen, also seine Komposition andeuten. BAYPEN heißt nichts anderes als das PENicillin von BAYer, und ASPIRIN leitet sich daraus ab, daß das Medikament Acetylsalicylsäure enthält, die nicht (dafür steht das große A im Lateinischen) aus dem Spierstrauch (spirea im Lateinischen), sondern synthetisch hergestellt wird.

Eines der berühmtesten Beispiele für diese Kategorie von Marken aus dem Bereich der Lebensmittel ist der Name COCA COLA. Er rührt aus der ganz eigenen Produktbeschaffenheit her, welches aus den Blättern des Koka (amerikanischer Strauch, dessen Blätter Kokain enthalten) und der Kolanuß (Frucht des afrikanischen Kolabaumes) hergestellt wird. Dieser Benennungslogik folgend, sind auch einige andere Produkte mit Markennamen versehen, die auf ihre Inhaltsstoffe hinweisen, wie zum Beispiel HANUTA (Haselnußtafeln), NUTELLA als Nußbrotaufstrich von FERRERO, SINALCO kommt von sine alcohol, OVOMALTINE weist auf die Kombination von Ei mit Malz hin, KABA beinhaltet Kakao und Banane, NUTS von NESTLÉ impliziert die Nüsse im Produkt.

Auch in anderen Branchen finden wir Namen mit Angaben zur Komposition: PERSIL, das Waschmittel von HENKEL, ist einfach eine Zusammensetzung von PERborat und SILikat, OSRAM verweist auf Glühbirnen aus OSmium und WolfRAM.

Allerdings gibt es bei dem Hinweis auf die Inhaltsstoffe auch manche Probleme: Es gibt viele Namen, die auf gleichen Inhaltsstoffen basieren und sich damit auch im Namen ähneln: NUTS von NESTLÉ, NUTELLA von FERRERO, NUSSPLI von ZENTIS, NUSS FIT von SCHWARTAU, NUSSENIA von WINSENIA. Auch COCA COLA weist bereits auf die Einschränkung hin, denn kein Hersteller darf die Inhaltsstoffe für sich alleine freihalten. So entstehen Konkurrenzprodukte mit ähnlichen Namen: PEPSI-COLA, AFRI-COLA, TOP STAR COLA, FINALE COLA und SINALCO-COLA. Natürlich werden erfolgreiche Produkte kopiert. Deshalb ist es besser, das Produkt trägt einen Namen, der sich nicht leicht nachahmen läßt, weil er eine eigene Originalität besitzt.

Probleme entstehen auch, wenn der Name auf die Inhaltsstoffe verweist, aber dann später für eine Produktpalette verwendet wird. In den Lutschtabletten FRUBIENZYM von BOEHRINGER INGELHEIM finden sich zum Teil heute schon gar keine Enzyme mehr, so daß das Produkt inzwischen in FRUBIZYM umbenannt wurde. Die Marke MENTOS, die heute insgesamt für Kaubonbons steht, hat ihren Markenursprung in den Pfefferminzdrops, die die Firma zuerst herstellte. Der Name ermöglicht nicht ohne Hindernisse eine Produkterweiterung, wie zum Beispiel bei den Fruchtdrops von MENTOS. Derselbe Vorgang läßt sich bei MAIZENA beobachten, das zunächst nur als Markenname für Maiserzeugnisse gedacht war. Unter dem Dach MAIZENA werden heute nicht nur Maisprodukte vermarktet, sondern auch DEXTRO – Traubenzucker, DEXTRO-ENERGEN – Sportgetränke, MAZOLA – Keimöl und Olivenöl, MAJALA – Desserts, HOLO – Frühstücksflocken im Reformhaus, HELLMAN – Mayonnaise und POM'S – Kindergrieß.

Hier können wir bereits die Vor- und Nachteile von beschreibenden Namen erkennen. Sie erklären auf der einen Seite dem Verbraucher sehr schnell das Produkt. Doch schwierig wird es dann bei Sortimentserweiterungen, wie zum Beispiel bei der Pflegeserie von BÜBCHEN für Mädchen und Frauen.

Die Indikation

Eine andere Möglichkeit, der Zielgruppe die neue Marke auf eine sehr einfache Art und Weise nahezubringen, ist der Hinweis auf die Indikation, also wofür, für wen oder für welchen Zeitpunkt das Produkt geeignet ist.

VALIUM leitet sich ab aus dem lateinischen Wort valere: sich wohl fühlen. So gibt der Hersteller dieses Beruhigungsmittels, ROUSSEL UCLAF, einen direkten Hinweis, wofür das Produkt sich eignet. NUK als Name für Babyausstattungen verweist auf das Nuckeln, CALGON bedeutet ohne Kalk, ODOL leitet sich ab vom lateinischen Begriff odus, der Geruch, und TIPP-EX läßt sich leicht aus sich heraus erklären.

Bei einer Creme mit dem Namen BÉBÉ weiß de facto jeder Verbraucher, für wen sich dieses Produkt eignet. Ebenso geht es uns mit KINDERSCHOKOLADE, BÜBCHEN, LADY SHAVE, CITIZEN UHREN oder mit den Frauenzeitschriften sowie mit den Zigaretten für die Frau mit Namen wie KIM, EVE. Allerdings läßt sich eine Marke KINDERSCHOKOLADE natürlich auch nur sehr eingeschränkt um weitere Produkte erweitern. Deshalb will ein solcher Name im Marketing gut durchdacht sein.

Die Suche nach den geeigneten Assoziationen zu einem Produkt (oder einem Unternehmen) läßt die Firmen oftmals zu Namen greifen, die sehr stark auf einen Ort oder einen Zeitpunkt anspielen. So soll der Name AFTER EIGHT (Minzschokolade) den Verbraucher dazu einladen, diese Süßigkeit am Abend im Freundeskreis zu genießen, und START'N GO als Name für ein Schweizer Frühstücksmüsli der OSWALD AG verspricht einen erfolgreichen Start in den Tag.

Die Produktpersönlichkeit

Diese Kategorie ist vom Standpunkt des Marketing interessanter als die Angaben zur Komposition oder Indikation, die recht beschreibend und einschränkend sind. Marketingstrategisch wird hier das Produkt positioniert, indem ihm eine einmalige Produktpersönlichkeit verliehen wird. MEIN MILD'OR ist beispielsweise der geheimnisvolle und milde Hochlandkaffee von Jacobs (Foto K: MEIN MILD'OR).

Meistens sind diese Namen aus der Kategorie der assoziierenden Namen. Sie sagen nicht direkt, was für ein Produkt es ist, sondern deuten es an und lassen so der Phantasie den nötigen Spielraum. KNIRPS ist ein kleiner, niedlicher Junge. Dieser Name hat sich für zusammenklappbare Schirme mittlerweile verselbständigt. Beschreibend und damit auch weniger interessant wären Namen wie Mini, Petite oder Piccolino gewesen, denn sie sagen direkt etwas über die Größe des Schirmes aus. TEMPO sagt schnell, wieso ein immer rasch verfügbares Papiertaschentuch in der handlichen Packung für unterwegs sehr geeignet ist. Kein Waschen, kein Bügeln, kein Falten – immer ist das Taschentuch sofort parat. KLEENEX dagegen kommt vom englischen clean (sauber) und Lateinischen ex, heißt also wegwischen und beschreibt wiederum die Funktion. SOFTIE beinhaltet nur die Weichheit und muß dieses Versprechen unter einer Vielzahl von Anbietern halten können.

MILKY WAY verweist auf die astronomische Milchstraße, übertragen auf einen Milchschokoladenriegel mit viel Milch. Sternenhimmel, klare Sommernacht, Natur pur, das Weltall, reisen, fliegen, UFOs – das alles steckt in diesem Namen. Dagegen leitet sich MILKA direkt aus Milch und Kakao ab (Kompositionsangabe), ohne Spielraum zum Träumen zu lassen.

Waschmittel sagen auch, wie sie die Wäsche pflegen. Ein bekanntes Beispiel dafür ist KUSCHELWEICH, dessen Konzept so gut ist, daß es in anderen Ländern übersetzt worden ist: In Frankreich CAJOLINE, in Italien COCOLINO und in Spanien MIMOSIN. BOUNTY hat nur noch über eine assoziative Brücke einen Bezug zum Produkt: ein Riegel mit frischer Kokosnuß, die von weit entfernten exotischen Inseln per Schiff nach Europa verfrachtet wird. Früher war diese Überseereise mit vielen Gefahren verbunden, in jedem von uns haften die Bilder von der »Meuterei auf der Bounty«.

Oft sind diese Produktcharakteristika in folgende Assoziationsbereiche einzuordnen:

- Dynamik (Autos: TIGRA, VENTO, Papiertaschentücher: TEMPO, Fußbodenpflege: SOFIX),
- Qualität (Seife LUX, Luftfilter AERISTO, Kabelfirma AXON'),
- Exotik (Parfüm FIDJI, Dessous ILOÉ, Badezweiteiler BIKINI, Schokoriegel BOUNTY, Orangensaft LA BAMBA, Rum MALIBU oder BACARDI),
- Emotionen (Hundefutter LOYAL, Windeln PAMPERS – abgeleitet aus dem Englischen to pamper = verwöhnen –, Parfüms OBSESSION und EXTASE),
- Weiches / Zartes (Taschentücher SOFTIES, Pflegeserie SATINA, Quark QREMOR).

Damit solche Namen interessant bleiben, müssen sie aus einem Assoziationsbereich kommen, der für die Branche noch originell bzw. ungewöhnlich ist. Alle Hi-Fi-Hersteller wollen »guten Klang« andeuten wie SONY (vom lateinischen *sonus* = *der Ton* abgeleitet) oder PANASONIC. Originell ist es, zu sagen, daß die neue Hi-Fi-Anlage ein wunderschönes Design hat. Denn der Absender des Herstellers verspricht schon Klangqualität: ATELIER von BRAUN oder SCENARIO von SONY. Im Parfüm-Bereich haben fast alle Marken verführerische Namen, und plötzlich fällt eines provozierend aus dem Rahmen wie EGOISTE (CHANEL) oder ANTHRACITE von JACOMO. Computerhersteller dagegen lieben technische Namen, doch die Ausnahmen sind bemerkenswert: APPLE von MACINTOSH – die Verführung durch Eva im Paradies, der junge Hersteller beißt sich einen Teil vom Computermarkt ab. Bei SCENIC von SIEMENS-NIXDORF erscheint eine szenische Welt auf dem Bildschirm (Foto L: SCENIC).

Der Name kann auch aus einem klassischen Gedankenfeld der Branche kommen, aber in sich selbst durch seine Form oder seinen Klang wirken.

Viele Getränke weisen auf ihre Herstellung oder Zusammensetzung im Namen, aber PURISSA von SINZIGER ragt heraus.

Fallbeispiel: MEIN MILD'OR von JACOBS

Im September 1992 führte JACOBS CAFÉ einen neuen milden Kaffee in den deutschen Kaffeemarkt ein: MEIN MILD'OR. Ausgangspunkt für seine Entwicklung waren zwei Faktoren:

Einerseits steigt seit Jahren der Konsum milder Kaffees, andererseits ist JACOBS CAFÉ mit seiner Marke MILD & FINE in diesem Markt nicht entsprechend vertreten. 40 Prozent der Verbraucher ordnen den Kaffee der Konkurrenz zu, was unter anderem auch am Namen liegt. Der Name MILD AND FINE, der englischer Herkunft ist, wird nicht einmal intern konsequent englisch ausgesprochen. Vielmehr entspricht seine Aussprache einer deutsch-englischen Mischsprache MILD und FINE, die verständlicherweise auch unter den Verbrauchern auf Zweifel stößt.

Während gleichzeitig an einer verbesserten Kaffeemischung und einem veränderten Verpackungsauftritt gearbeitet wird, entschließt sich der Hersteller, die Agentur Nomen International Deutschland mit der Namenskreation zu beauftragen. JACOBS mißt der Namensfindung für das relaunchte Produkt von Anfang an einen hohen Stellenwert zu. Durch den Namen sollen Wiedererkennungswert und Wiederkäuferrate gesteigert werden. Dazu ist die Erfüllung folgender Voraussetzungen notwendig: Der Name sollte zu einem emotionalen Erlebnis für den Verbraucher werden, so daß eine Individualisierung des Produktimages erreicht wird und es sich damit aus der Masse der Konkurrenzprodukte heraushebt und von ihnen abgrenzt.

Die Positionierung des Kaffees bewegt sich im Spannungsfeld zweier Grundgedanken: der bestschmeckende milde Kaffee, das milde Geheimnis, der mildeste Kaffee, meine Entscheidung.

Der Kaffee wird mit Priorität auf dem deutschen Markt eingesetzt. Der Name muß also im Deutschen leicht lesbar und aussprechbar sein. Er sollte nicht dem ausländischen Wortschatz entstammen, insbesondere nicht dem englischen, da gerade englische Namen bei den Verbrauchern wenig Emotionen wecken, weil sie zu fremd wirken. Die Zielgruppe sind die 25-40jährigen. Es sind Personen zwischen traditionell und modern, eher zeitlos. Es ist die Generation, die 1968 jung war und heute individualistisch lebt. Sie weisen die Tradition zurück, sind aber auch nicht mehr jung und flippig. Charakteristisch für sie ist ein zeitgemäßes und selbstbewußtes Auftreten mit starkem Engagement für die eigenen Interessen. Ehrlichkeit und Natürlichkeit sind für sie wichtige Werte.

Der Name kann assoziativ oder frei erfunden sein, wobei in diesem Fall die Assoziation durch den Klang wachgerufen wird. Die wachzurufende Assoziation ist mild, und der Name muß zu dem Kaffee passen, das heißt, er muß Geschmack haben. Die Buchstaben *m, i, l, d* können im Namen erscheinen. Es können auch Synonyme zu »mild« oder frei erfundene Namen mit weichen Klängen gewählt werden.

Der Name wird gemeinsam mit JACOBS CAFÉ auf der Packung erscheinen, darf also nicht zu lang sein. Die Agentur Nomen schlägt vor, daß vor dem Namen vielleicht ein Possessivpronomen steht. Wenn der Name aus zwei Wörtern besteht, gäbe es die Möglichkeit, ihn zu trennen, um ihn auf zwei Zeilen zu gestalten.

Im ersten Schritt nach dem Briefing legen die Nomen Consultants die Kreationsrichtlinien fest. Da es sich bei einem milden Kaffee um ein Getränk handelt, das mit Genuß getrunken wird, soll der Name vorzugsweise aus weichen Konsonanten wie z.B. *d, l, m, n* oder auch *b, s, w* und in Verbindung mit zarten Vokalen wie *a, e, i, u* bestehen. Aus diesen weich klingenden Buchstaben können frei erfundene Namen kreiert werden wie Solana, Leda, Leonis etc. Der zu findende Name kann auch klanglich die Assoziation zu der Geschmacks-Erlebniswelt der Milde wachrufen, indem er die Buchstaben *m, i, l, d* enthält. Schwierig ist hier die Unterscheidung zu den Konkurrenznamen, die auch das Wort »mild« enthalten.

Darüber hinaus soll der Name idealerweise aus zwei bis drei Silben bestehen. Zwei Silben haben den Vorteil, kurz zu sein, klingen aber selten weich. Der Drei-Silben-Rhythmus ruft Assoziationen zu Lebensgenuß wach. Er wird vier bis sechs Buchstaben umfassen, wie z.B. Melani.

Weiterhin legen die Namensschöpfer Bereiche fest, in denen die Eigenschaften des besonders milden Kaffees nachempfunden werden können. Diese Bereiche sind: Musik, Geruch, Stoffe, Geschmack, zarte Personen und Bewegungen. Zudem werden auch die Bereiche »Geheimnis« und »Entscheidung« bearbeitet, denn der »milde Kaffeetrinker« birgt ein Geheimnis und bekennt sich zu seiner Entscheidung. Diese Kriterien bilden in Absprache mit JACOBS CAFÉ den Ausgangspunkt der weiteren Namensentwicklung.

Die Arbeit der kreativen Gruppe bildet die erste Etappe der kreativen

Phase. Im Team werden sämtliche Assoziationsbereiche zum Thema »mild« zusammengetragen. Um den Free-Lancern auch möglichst viele Inspirationshilfen zu geben, werden sie aufgefordert, sich in bestimmte Situationen hineinzuversetzen, wie z.B. in die Rolle einer jungen Mutter, die ihr Kind mit liebevollen Worten in den Schlaf wiegt. Oder sie sollen das Gefühl beschreiben, das eine Daunenfeder auf nackter Haut erzeugt. Parallel dazu entwickeln sie zu den Themenbereichen »mild« und »Geheimnis« freie Kreationen. Gleichzeitig werden mehrere Computerprogramme eingesetzt, die mild klingende Worte generieren sollen.

Die Markennamenbank *Nomenklatur* wird ebenfalls zu Rate gezogen, denn warum sollen unter den über 23.000 darin gespeicherten Namenskreationen nicht einige sein, die die geforderten Assoziationen von Geheimnis und Geschmack wiedergeben.

Am Ende dieser Phase ist das Nomen-Team mit ca. 10.000 Namenskreationen konfrontiert. Nun machen sich die Consultants daran, unter all diesen Namen diejenigen auszuwählen, die »mild« und »Geheimnis« auf einen Nenner bringen und die eine Idee von Geschmack vermitteln. Außerdem muß der Name gut aussprechbar sein, sich von der Konkurrenz abheben, dem Produkt die gewünschte Persönlichkeit verleihen und juristisch einwandfrei sein.

Die Reduktion dieser höchst umfangreichen Namensliste auf etwa 200 Namen geht aufgrund der juristischen Hürde ziemlich schnell vonstatten, da man bei den Recherchen sehr schnell auf ähnliche ältere Eintragungen in das Warenzeichenregister stößt. Nach einer Grobauswahl geht man daran, eine Feinauswahl zu treffen, d.h. wirklich den bestmöglichen und am Markt realisierbaren Namen zu finden. Die verbleibenden Namen werden nach allen möglichen Assoziationen abgeklopft, immer werden sie im Vergleich und separat betrachtet, um den wirkungsvollsten Namen ausfindig zu machen. Einige Befragungen zu den Namen bei der Zielgruppe sollen dazu dienen, eventuelle negative Auslöser herauszufiltern.

Sechs Wochen nach der Besprechung der Positionierung präsentiert Nomen 15 Namen bei JACOBS CAFÉ, wobei es nun die Aufgabe der Produktmanager und der Werbeagentur ist, den geeignetesten Namen auszuwählen. Die Agentur Nomen hat ihre Favoriten als Empfehlung gekennzeichnet. Von den 15 Namen kommen folgende in die Endauswahl:

- *Mild'Or* – mild und geheimnisvoll, exotisch,
- *Sonea* – weicher Klang, frei erfundener Name,

- *Symphonie* – harmonischer, musischer Klang,
- *My Way* – meine Entscheidung.

Die fünf Namen werden in Kombination mit fünf Verpackungsgestaltungen getestet. Die Testpersonen aus der Zielgruppe werden aufgefordert, insgesamt 25 Namens- und Verpackungskombinationen auf sich wirken zu lassen, um dann eine Aussage über die Verpackung mit der größten Emotionskraft zu machen.

Sehr schnell stellt sich heraus: MEIN MILD'OR ist ein Name, der beim Endverbraucher auf viel Sympathie stößt und positive Assoziationen zum Kaffee hervorruft.

Die Alliteration »M M« trägt sehr stark zu einer besseren Merkfähigkeit des Namens bei, er gleicht einer sanften Melodie, die durch das stimmhafte »M« noch verstärkt wird. Außerdem verzeichnet der Name MEIN MILD'OR ein vielschichtiges Bedeutungsfeld. Er ruft spontan die Idee von mild und Geheimtip wach. Die geschlossene Wortsilbe OR hat die Funktion, dem Namen einen geheimnisvollen, fast mystischen Schluß zu verleihen, der für einen Großteil der deutschen Verbraucher rätselhaft und faszinierend wirkt.

Nachdem MEIN MILD'OR über ein Jahr auf dem Markt gewesen ist, belegen Marktforschungsergebnisse den anvisierten Erfolg. Die Bekanntheit kletterte im Laufe dieses Jahres rasant nach oben. Inzwischen kennen bereits drei Viertel der Verbraucher in Ost und West MEIN MILD'OR. Dieser Erfolg ist nicht zuletzt auf die massive Unterstützung durch Werbung im Fernsehen zurückzuführen. Parallel zu dem Anstieg der Bekanntheit entwickelt sich der Marktanteil. Schon nach vier Monaten im Handel erreicht MEIN MILD'OR die Zwei-Prozent-Marke, und der Anteil stieg bis Ende 1994 auf ca. drei Prozent. Damit hat sich MEIN MILD'OR doppelt so gut verkauft wie sein Vorgänger MILD & FINE.

Polysemische Namen

Polysemische Namen beinhalten mehrere Bedeutungen. Denn häufig finden wir eine Bündelung der Hinweise auf die Komposition, die Indikation und die Persönlichkeit. NEONARDO (Foto M) als Name für eine Agentur für Leuchtwerbung verweist auf künstlerische, hochwertige Neonwerbung durch die Zusammensetzung des Wortes Neon und des Namens von Leonardo da Vinci. AERISTO impliziert die Assoziation zu dem Aristokraten unter den Luftfiltern und zu reiner Luft.

Auch durch Symbolfiguren können Assoziationen zu den Produkteigenschaften wachgerufen werden. Häufig werden Tiere oder Früchte nicht nur als Firmensymbol (Fuchs von SCHWÄBISCH HALL, Löwe von PEUGEOT, Tiger für ESSO, die Kuh von MILKA), sondern oft auch als Markenname (SALAMANDER Schuhe, ELEFANTEN Kinderschuhe) verwendet. Fast jeder Autohersteller besitzt ein Tiersymbol: als Logo wie bei PEUGEOT; in der Werbung (die Tiere in der Luft, auf der Erde, im Wasser für den FORD SIERRA); in Markennamen wie bei JAGUAR oder als Modellbezeichnung wie FIAT PANDA, HYUNDAI PONY, GENERAL MOTORS BRONCO, OPEL TIGRA oder OPEL MANTA. Früchte finden wir in Markennamen zwar seltener, aber es gibt sie. Eine japanische Bank taufte sich um in TOMATO BANK und trieb damit ihren Umsatz stark in die Höhe, und eines der berühmtesten Beispiele ist natürlich der APPLE Computer.

Typologie von Markennamen

Bis jetzt haben wir die Markennamen von ihrem Inhalt her in Eigennamen, Zahlen und Hinweise auf die Produktcharakteristika kategorisiert. Diese Kategorien können wir nun in verschiedenen Formen untersuchen, also eine Typologie schaffen: Auf welche Art und Weise können Produktcharakteristika wachgerufen werden? Wie jede Typologie ist auch diese stark vereinfacht, um klar, deutlich und leicht anwendbar zu bleiben. Wir unterscheiden beschreibende, assoziative und frei erfundene Namen.

Beschreibende Namen

Beschreibende Namen charakterisieren das Produkt durch ein Substantiv wie KINDERSCHOKOLADE, durch ein Verb wie WASH&GO für ein Shampoo oder durch ein Adjektiv wie SPEEDY für ein Auto. Die Nachteile von beschreibenden Namen liegen auf der Hand: Sie schränken das Produkt in seinem Wesen ein, ermöglichen kaum Produkterweiterungen, sind in der Regel nicht schutzfähig und lassen wenig Freiraum für die Phantasie. Sie sagen das aus, was der Verbraucher bereits weiß bzw. sieht.

Assoziative Namen

Sie wecken eindeutige Assoziationen bei den Käufern und suggerieren einen Produktbezug, ohne ihn zu nennen. Während SPEEDY beschreibt, suggeriert SCIROCCO als schneller Wind ein sportliches Auto. Assoziative Namen können lexikalisiert oder kreiert, d.h. abgeändert sein. »Lexikalisiert« bedeutet, daß die Namen identisch im Wörterbuch zu finden sind, also aus dem allgemeinen Wortschatz ohne Abänderung entnommen sind. Das ist der Fall bei vielen Parfümnamen: ICEBERG, EDEN, POISON, OPIUM, JAZZ, WHITE LINEN, SCULPTURE, ELEMENTS, EXTASE und vielen weiteren. Häufig werden auch Begriffe aus dem Lexikon, leicht abgeändert, zum Markennamen: TIGRA leitet sich von Tiger ab, PURISSA stammt von pur, SATINA kommt von Satin, einem zarten Stoff, QREMOR ist eine interessante Abwandlung von cremig und Quark, und der Firmenname SPECTRIS verweist auf das große Spektrum der Produkte und Serviceleistungen (Foto X).

Manchmal werden auch zwei Assoziationen kreativ kombiniert, wie bei BLANCRÈME, weiß und cremig. Manche Namen sind gegenüber dem lexikalisierten Wort stark abgeändert, doch sie bleiben assoziativ, solange die Mehrheit der Zielgruppe an eine einheitliche Idee denkt: bei MILKA an Milch und bei OVOMALTINE an Ei und Malz. Meistens erkennen Verbraucher dann nur noch eine von mehreren Assoziationen, so wie bei MILKA. Die Milch wird meistens im Namen erkannt, aber nicht unbedingt der Kakao.

Assoziative Namen lassen der Phantasie einen großen Spielraum, denn sie engen nicht so ein wie eine Beschreibung. SCENARIO ist für den einen die Scala in Mailand, die Opernwelt, für den anderen die Kinokulisse, für den Theaterfan die Bühnentechnik und für viele einfach nur der Ablauf eines Geschehens (Foto N: SCENARIO). Jeder Verbraucher baut mit diesem Begriff seine eigene Welt auf. Assoziationen sind allerdings nur dann interessant, wenn sie in der Produktkategorie noch nicht abgegriffen sind.

Besonders interessant sind assoziative Namen, wenn sie aus einer für die Produktkategorie originellen Begriffswelt kommen, z.B. aus dem Bereich der Musik für technische Produkte. ACCORD ist sowohl der Name für eine internationale Hotelgruppe als auch für ein Auto von HONDA. Er steht

als Symbol für Harmonie und Vollkommenheit. PRÉLUDE bezeichnet ein
Auto von HONDA und wird assoziiert mit einem neuen Leben. PIANO
ist der Name für die leiseste Typenradschreibmaschine von RANK
XEROX. HYUNDAI wählte für ein Modell den Namen SONATA, und
FIAT hat einen RITMO.

Frei erfundene Namen

Frei erfundene Namen sind Kunstwörter, die weder identisch noch leicht
abgeändert im Wörterbuch zu finden sind. Es sind neue Buchstabenkombinationen, die nicht durch bekannte Silben (wie bei AERISTO von Aristo-
krat und Aero), sondern durch ihren Klang wie bei CLIO wirken.

Die Sprachgewalt und die Qualität eines Namens hängen oft von seinem
unterscheidenden Charakter ab. Diese Namensanforderung läßt die Wahl
der Unternehmen zuweilen auf die Kreation und das Einsetzen von neuen
Worten fallen, für die sie dann ganz ausschließlich die Urheberschaft beanspruchen können. Obwohl solche Namen keine direkte Anspielung auf
Produkte, Personen (reale oder imaginäre) oder eine Assoziationswelt beinhalten, so entbehren diese Wortschöpfungen dennoch nicht jeglichen Sin-
nes. Tatsächlich ist es so, daß ihre linguistische und phonetische Struktur mit
Attributen spielen, die es erlauben, eine Fülle von Werten mit der Marke zu
assoziieren. Beispiele hierfür sind ILOÉ, ein exotisch klingender Name für
Dessous von LEJABY, und PATROS, ein frei erfundener Name für einen
Fetakäse (Foto O: PATROS).

Die Schwierigkeiten, auf die die Firmen heutzutage bei der Entwicklung
einer internationalen Marke, die zugleich produktbezogen, international und
juristisch einwandfrei sein muß, stoßen, zwingt die Kreativen häufig dazu,
nach neuen Wortschöpfungen zu suchen. Der Vorteil besteht darin, daß diese
Namen später nur für dieses Produkt stehen, denn das Wort wurde ja nur für
dieses Produkt geschaffen. Außerdem können die Namen so kreiert werden,
daß sie international und juristisch einsatzfähig sind, denn viele lexikalisierte
Namen sind natürlich schon besetzt. Aber die Einführung einer Marke mit
frei erfundenem Namen ist teuer und eventuell auch langwierig. Das kann
sich nur ein großes Unternehmen mit hohem Werbebudget erlauben.

Die historische Entwicklung der Namensgebung verläuft fast linear vom
Herstellernamen über beschreibende bis hin zu frei erfundenen Namen.
Letztere werden in Zukunft eher die Regel als die Ausnahme bilden.

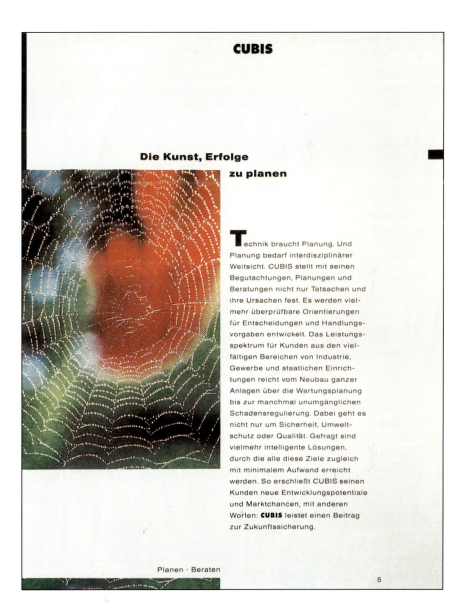

CUBIS

Die Kunst, Erfolge zu planen

Technik braucht Planung. Und Planung bedarf interdisziplinärer Weitsicht. CUBIS stellt mit seinen Begutachtungen, Planungen und Beratungen nicht nur Tatsachen und ihre Ursachen fest. Es werden vielmehr überprüfbare Orientierungen für Entscheidungen und Handlungsvorgaben entwickelt. Das Leistungsspektrum für Kunden aus den vielfältigen Bereichen von Industrie, Gewerbe und staatlichen Einrichtungen reicht vom Neubau ganzer Anlagen über die Wartungsplanung bis zur manchmal unumgänglichen Schadensregulierung. Dabei geht es nicht nur um Sicherheit, Umweltschutz oder Qualität. Gefragt sind vielmehr intelligente Lösungen, durch die alle diese Ziele zugleich mit minimalem Aufwand erreicht werden. So erschließt CUBIS seinen Kunden neue Entwicklungspotentiale und Marktchancen, mit anderen Worten: **CUBIS** leistet einen Beitrag zur Zukunftssicherung.

Planen · Beraten

5

A Ein Akronym wie CUBIS ist merkfähiger als ein langer Firmenname.

Scenario. Design für klare Verhältnisse.

Da ist sie, eine dieser Entscheidungen, die jede Beziehung auf die Probe stellt. Er will Technik, die den Klang unüberhörbar in den Mittelpunkt stellt. Sie will mehr. Sie will, daß das Ganze so gut aussehen, wie es sich anhört. Hier beginnen früher eine dieser endlosen Grundsatz-Diskussionen. Diesmal kommt alles ganz anders. Sie sagt: Vier HiFi-Bausteine, die außen wie innen feinsinnig aufeinander abgestimmt sind, kurz – Scenario S7. Er kann nur noch kontern mit einem: Habe ich doch schon immer gesagt. It's a Sony.

B Seit 1953 hat SONY bei Verbrauchern weltweit einen guten Klang.

C Der ursprüngliche Name »Pavé d'Affinois« behinderte den Verkauf in Deutschland.

ILOE

D ILOÉ läßt an Erotik und Zärtlichkeit denken.

CLIO

AUTOS
ZUM LEBEN

RENAULT

Clio RN 1.2, 1171 cm³, 40 kW (55 PS),
3- und 5türig.

Clio RN, 1.9 D, 1870 cm³, 47 kW (64 PS),
3- und 5türig.

E Der beliebteste Vokal bei Kleinwagen – das *i*.

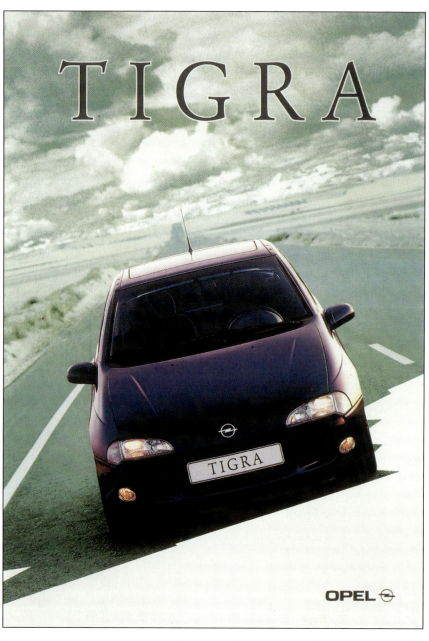

F Harte Konsonanten stehen für Dynamik und Technik.

G Der Name SUPPORTAN leitet sich aus dem lateinischen und griechischen Sprachgebrauch ab.

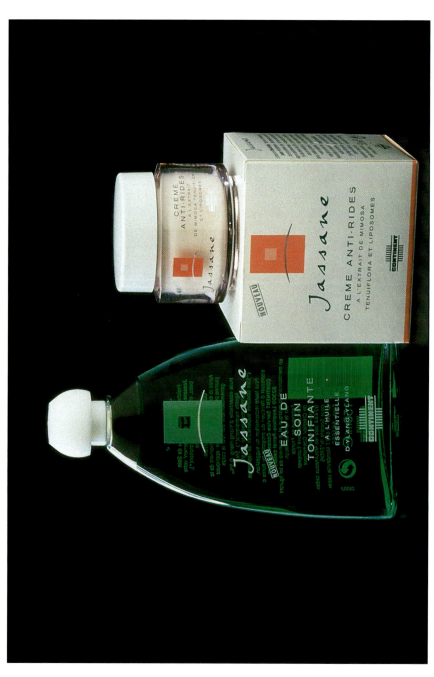

H Die Marke JASSANE wurde für ein französisches Handelshaus kreiert.

Im Auto wieder frei und tief durchatmen!

AERISTO,

der neue Innenraum-

Filter von Bosch NEU

Ein hochaktuelles Spitzen-
produkt mit wachsenden Umsatzchancen.

Saubere Luft im Innenraum – ein
Wunsch Ihrer Kunden. Denn die
Belastungen der Atemluft steigen.

Der AERISTO von Bosch sorgt
hier für mehr Freude am Fahren.
Und für gesunde Umsatzchancen
in einem Wachstumsmarkt.

BOSCH

▌ Der Luftfilter mit dem starken Namen AERISTO des Herstellers BOSCH

J   Der Hersteller CITROËN entschloß sich zu Namen statt Zahlen.

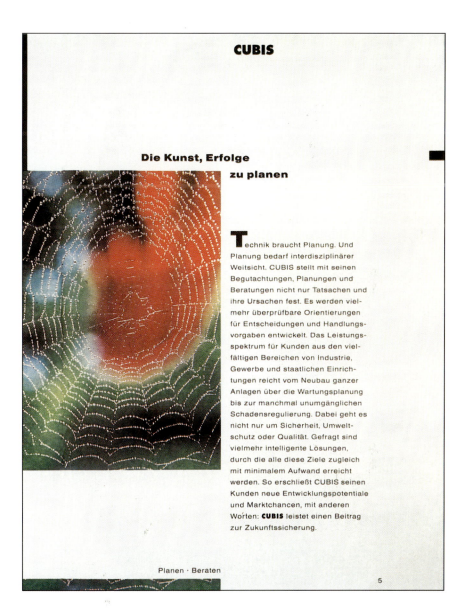

CUBIS

Die Kunst, Erfolge zu planen

Technik braucht Planung. Und Planung bedarf interdisziplinärer Weitsicht. CUBIS stellt mit seinen Begutachtungen, Planungen und Beratungen nicht nur Tatsachen und ihre Ursachen fest. Es werden vielmehr überprüfbare Orientierungen für Entscheidungen und Handlungsvorgaben entwickelt. Das Leistungsspektrum für Kunden aus den vielfältigen Bereichen von Industrie, Gewerbe und staatlichen Einrichtungen reicht vom Neubau ganzer Anlagen über die Wartungsplanung bis zur manchmal unumgänglichen Schadensregulierung. Dabei geht es nicht nur um Sicherheit, Umweltschutz oder Qualität. Gefragt sind vielmehr intelligente Lösungen, durch die alle diese Ziele zugleich mit minimalem Aufwand erreicht werden. So erschließt CUBIS seinen Kunden neue Entwicklungspotentiale und Marktchancen, mit anderen Worten: **CUBIS** leistet einen Beitrag zur Zukunftssicherung.

Planen · Beraten

5

A Ein Akronym wie CUBIS ist merkfähiger als ein langer Firmenname.

Scenario. Design für klare Verhältnisse.

Da ist sie, eine dieser Entscheidungen, die jede Beziehung auf die Probe stellt. Er will Technik, die den Klang unüberhörbar in den Mittelpunkt stellt. Sie will mehr. Das Ganze soll so gut aussehen, wie es sich anhört. Hier beginnt früher eine dieser endlosen Grundsatz-Diskussionen. Diesmal kommt alles ganz anders. Sie sagt: Vier HiFi-Bausteine, die außen wie innen feinsinnig aufeinander abgestimmt sind, kurz – Scenario S7. Er kann nur noch kontern mit einem: Habe ich doch schon immer gesagt: It's a Sony.

B Seit 1953 hat SONY bei Verbrauchern weltweit einen guten Klang.

C Der ursprüngliche Name »Pavé d'Affinois« behinderte den Verkauf in Deutschland.

ILOE

Anspruchsvolle
Wünsche
verwöhnen den
eigenen Stil.

Modell ILOÉ

Raffiniert bis ins
kleinste Detail –
aus feiner,
elastischer
Calaiser-Spitze.

B. C-Cup DM 69,–
unverb. Preisempf.

LEJABY Köln 795008
Wien 888271

Création

lejaby
PARIS

D ILOÉ läßt an Erotik und Zärtlichkeit denken.

E   Der beliebteste Vokal bei Kleinwagen – das *i*.

F Harte Konsonanten stehen für Dynamik und Technik.

G Der Name SUPPORTAN leitet sich aus dem lateinischen und griechischen Sprachgebrauch ab.

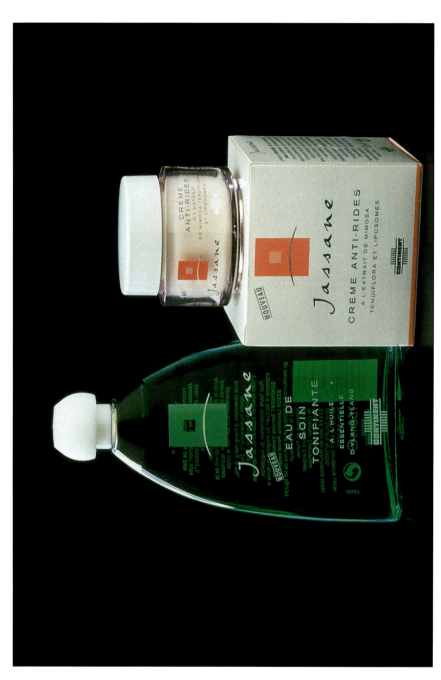

H Die Marke JASSANE wurde für ein französisches Handelshaus kreiert.

Im Auto wieder frei und tief durchatmen!

AERISTO,

der neue Innenraum-

Filter von Bosch

NEU

Ein hochaktuelles Spitzen-
produkt mit wachsenden Umsatzchancen.

Saubere Luft im Innenraum – ein
Wunsch Ihrer Kunden. Denn die
Belastungen der Atemluft steigen.

Der AERISTO von Bosch sorgt
hier für mehr Freude am Fahren.
Und für gesunde Umsatzchancen
in einem Wachstumsmarkt.

BOSCH

Der Luftfilter mit dem starken Namen AERISTO des Herstellers BOSCH

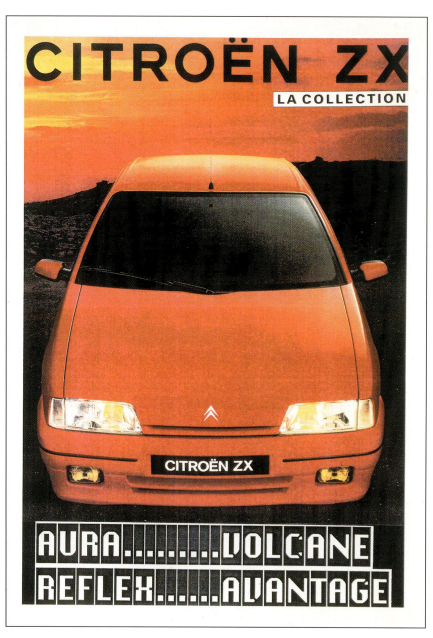

J Der Hersteller CITROËN entschloß sich zu Namen statt Zahlen.

K Der geheimnisvolle Kaffee von JACOBS mit dem klangvollen Namen MEIN MILD'OR.

L   Eine szenische Welt auf dem Multimedia-Computer SCENIC

Werbeanlagen GmbH
Verkaufsbüro Berlin
Pariser Straße 46
10719 Berlin
Tel. 030/8851224
Fax 030/8811559

Werbeanlagen GmbH
Verkaufsbüro Berlin
Pariser Straße 46
10719 Berlin
Tel. 030/8851224
Fax 030/8811559

Dipl. Ing.
Stephan Bethke
Geschäftsführer

Werbeanlagen GmbH
Verkaufsbüro Berlin
Pariser Straße 46
10719 Berlin
Tel. 030/8851224
Fax 030/8811559

Dipl. Ing.
Stephan Bethke
Geschäftsführer

Werbeanlagen GmbH
Verkaufsbüro Berlin
Pariser Straße 46
10719 Berlin
Tel. 030/8851224
Fax 030/8811559

Dipl. Ing.
Stephan Bethke
Geschäftsführer

Werbeanlagen GmbH
Verkaufsbüro Berlin
Pariser Straße 46
10719 Berlin
Tel. 030/8851224
Fax 030/8811559

Horst Lindstedt

Werbeanlagen GmbH
Verkaufsbüro Berlin
Pariser Straße 46
10719 Berlin
Tel. 030/8851224
Fax 030/8811559

Günther Karbowiak

Werbeanlagen GmbH
Verkaufsbüro Berlin
Pariser Straße 46
10719 Berlin
Tel.:030/8851224
Fax :030/8811559

Horst Lindstedt

Werbeanlagen GmbH
Verkaufsbüro Berlin
Pariser Straße 46
10719 Berlin
Tel.:030/8851224
Fax :030/8811559

M Durch NEONARDO die künstliche Anlehnung an ein Genie

SONY
SCENARIO

N Eine Anlage setzt sich in Szene.

○ Frei erfundener Markenname mit griechischem Beiklang

P Musikalische Assoziationen für eine Schreibmaschine

Q Die Computer halfen bei der Kreation des Müslinamens.

R Der internationale Namenstest brachte VENTO auf den ersten Platz.

S Aus den deutschen Kipferln wurden die »Mondsicheln« in Frankreich.

T Burda setzte sich durch: Aus ANJA wurde LAURA.

U DANONE als typisches Beispiel für eine Herstellermarke

▼ Sortimentsmarke + Absendermarke

W Das gute HEINZ-Image beflügelt den Brotaufstrich.

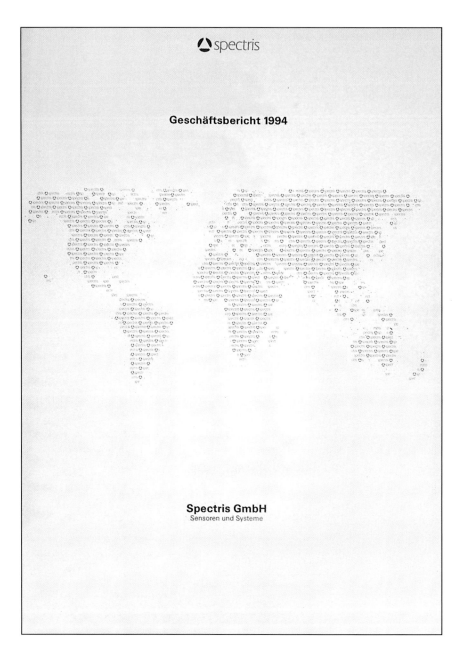

⬤ spectris

Geschäftsbericht 1994

Spectris GmbH
Sensoren und Systeme

X SPECTRIS – ein breites Spektrum innovativer Technik

5. Die Kreation von Markennamen

Recherchen zur Kreation von Markennamen

Um einem Produkt einen charakteristischen Namen zu verleihen, wird es in den meisten Fällen nötig sein, vor der eigentlichen Kreation einleitende Recherchen durchzuführen, die helfen, die Aufgabenstellung qualifiziert zu bewältigen und das Problem genau zu definieren.

Die Analyse des Markenbestands (Markenportfolio)

Einige große Unternehmen verfügen über einen Bestand von mehreren tausend Marken, die nicht alle benutzt werden und die die Verantwortlichen im Marketing nicht alle kennen können. Erstaunlicherweise haben sie manchmal keinen Zugang zu diesem Markenbestand. Auch kommen sie nicht immer auf die Idee, ihn überhaupt zu benutzen, da manchmal die Zusammenarbeit zwischen der Marketing-Abteilung und den betrieblichen Juristen nicht reibungslos funktioniert.

Dabei kann ein solcher Markenbestand (Markenportfolio) ein wertvolles Betriebskapital sein, wenn es gründlich überprüft wird. Um sich einen Einblick zu verschaffen, bedarf es der Beantwortung folgender Fragen:

- Wieviele Warenzeichen besitzt das Unternehmen?
- Welche davon sind geschützt?
- Welche werden benutzt und mit welchem Erfolg?
- Welches sind die absoluten und relativen Stärken und Schwächen der Marken im Bestand?

- Auf welche Marken soll sich die Firma heute konzentrieren?
- Welche Markenpolitik wurde bis jetzt verfolgt?
- Kann man heute an eine klare Strategie anknüpfen?
- Muß für die nächsten Jahrzehnte eine neue Strategie festgelegt werden?

Nach der Beantwortung dieser Fragen kann das Unternehmen mit Unterstützung einer Namensagentur daran gehen, eine eigene Markencharta zu erarbeiten oder diese von einem Markenconsultant erarbeiten zu lassen. Die Analyse der Firmenmarken und der Marken der Konkurrenten führt dazu, eine vorhandene Markenstrategie theoretisch festzulegen oder eine neue zu entwerfen. Die Namensagentur definiert eine klare Markenstrategie, d.h. ein eigenes und einzigartiges Markenumfeld, das die Firma dann in Besitz nehmen kann.

Wenn eine Kreationsrichtlinie präzise festgelegt ist, wird dieses Umfeld durch die Entwicklung neuer Markennamen und deren Registrierungen besetzt. Dieses geschützte Umfeld verhindert, daß konkurrierende Produkte diesen Marken zu nahe kommen und daß eine Verwechslungsgefahr entsteht. Danach wird bei zukünftigen Produktentwicklungen auf diesen neugestalteten Markenbestand zurückgegriffen, um den passenden Namen für jedes neue Produkt auszuwählen. Diese Markenstrategie sollte dann für die nächsten Jahre eingehalten werden. Um einen solch durchdachten Markenbestand zu erreichen, werden die vorhandenen Namen des Unternehmens durch Marktforschungen sowie semantische, morphologische und phonologische Untersuchungen analysiert.

Die Bedeutung eines eigenen Markenbestands ist dann gering, wenn er veraltete, ungeeignete und juristisch schwache Marken enthält oder nicht gut sortiert ist. Es ist für die Marketingabteilung dann aber relativ schwierig, mit den zur Verfügung stehenden Marken sachgerecht umzugehen. Ein positives Vorurteil lastet auf diesen Marken: Man hält sie für interessant, nur weil sie zur Verfügung stehen. Tatsächlich ist es unvorteilhaft, sich in der Begeisterung über eine geplante Produkteinführung auf eine »Gelegenheitsmarke« zu fixieren. Hinzu kommt, daß außerdem eine Auswahl getroffen werden muß von juristisch unbedenklichen gegenüber juristisch schwachen Marken. Das wiederum läßt sich ohne Hilfe von Juristen oder juristischen Recherchen nicht realisieren.

Die Erfahrung zeigt, daß es Geduld und Überlegung bedarf, um in einem bestehenden Markennamenpool wertvolle alte »Perlen« zu finden, die juristisch einsetzbar sind (vorausgesetzt, daß der juristische Schutz immer noch besteht). So ist DEA zum Beispiel schon sehr lange als Marke des Energiekonzerns RWE, Rheinisch-Westfälische Elektrizitätswerke, eingetragen gewesen. Es ist schon vorgekommen, daß im Markenbestand der Firmen passende Marken für ein neues Produkt gefunden worden sind, obwohl vorher von der Durchsicht des Bestandes abgeraten worden ist. Ein Namenspool, der sorgfältig klassifiziert ist und so eine schnelle Prüfung erlaubt, ist allerdings eher selten.

Die zweite Chance, die eine Untersuchung des Markenbestandes bietet, liegt darin, die Kriterien zu erhellen, die die Markenpolitik des Unternehmens – oft auch unbewußt – bestimmen. Oft besetzen große Hersteller mit ihren Markennamen eine bestimmte semantische und phonetische Sphäre, wie das Beispiel OPEL zeigt.

Wenn der Bestand umfangreich ist, erlaubt eine vorläufige Auswahl von etwa zweihundert Marken eine Analyse, in der eine Typologie der Markennamen und der Charakteristika, die sie bestimmen, ausgearbeitet wird. Dies dient als Basis, um Rückschlüsse für die Ansprüche an die neue, noch zu kreierende Marke ziehen zu können.

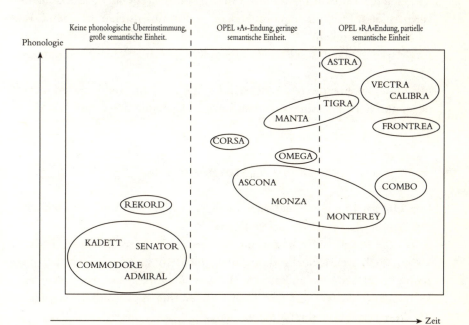

Abbildung 14: Markennamen von OPEL

Quelle: NOMEN International Deutschland GmbH, Düsseldorf

Eine solche Analyse bietet gleichzeitig eine Gelegenheit, den Markenbestand neu zu ordnen und zu klassifizieren. Denn in international agierenden Unternehmen kommt es häufig vor, daß die verantwortlichen Juristen Entscheidungen wegen genereller Erneuerungen sowie Veränderungen des Vertriebes im Ausland und des Schutzes der Marke treffen müssen. Diese kostspieligen Vorgänge sollten erst nach einer Untersuchung der Profile bei der betreffenden Marke eingeleitet werden. Diese Profile können nicht ausschließlich von den Juristen beurteilt werden, sondern müssen zusammen mit den Kaufleuten und der Marketingabteilung abgeschätzt werden. Eine solche komplexe Vorgehensweise kommt nur selten zur Anwendung. Ein klar definierter Markenbestand kann dieses Zusammenspiel verschiedener »Fachrichtungen« in einem Unternehmen außerordentlich erleichtern.

Nachteile des Markenbestandes

- Wird eine im Markenbestand aufgenommene Marke innerhalb einer festgesetzten Frist (in Deutschland fünf Jahre) nicht genutzt, also keinem vermarkteten Produkt zugeordnet, kann jeder Außenstehende einen Löschungsantrag stellen.
- Ein Markenbestand ist selten gut organisiert, so daß er schlecht zu nutzen ist.
- Das Unterhalten eines Markenbestandes ist kostspielig wegen der Anmeldegebühren, Recherchen, Überwachungen, Verteidigungen und Rechtsstreite.

Vorteile des Markenbestandes

- Das Unternehmen versetzt sich in die günstige Position, sehr schnell über einen Markennamen zu verfügen.
- Es hat die Möglichkeit, bestimmte interessante Wörter für sich zu reservieren, auch wenn die Produkte noch nicht so ausgereift sind, daß sie schon vertrieben werden können. Die geschützten Marken des Bestandes können zum Gegenstand von Transaktionen mit Mitbewerbern werden, die diese gerne erwerben möchten.

Zusammenfassend läßt sich festhalten, daß die Markenbestände in der Form, in der sie von vielen Unternehmen gepflegt werden, nur eine zweifelhafte Rentabilität besitzen. Dagegen können das Einführen eines guten Klassifizierungssystems und kooperative Strukturen zwischen der juristischen und der Marketingabteilung größere Rentabilitätsaussichten für die Zukunft ermöglichen.

Den Markt beobachten

Eine Nachricht hat nur in dem Kontext, in dem sie steht, einen offensichtlichen Sinn. Das gilt natürlich auch für die Nachricht, die eine neue Marke verbreitet. Darum ist die Analyse der Konkurrenznamen eine lohnende Tätigkeit. Abbildung 15 verdeutlicht beispielsweise die Bereiche, die mit Vorliebe von Autoherstellern besetzt werden.

Wenn der Markt nicht zu weit gestreut ist, kennen die Verantwortlichen normalerweise ihre Konkurrenzmarken und besitzen professionelle Hand-

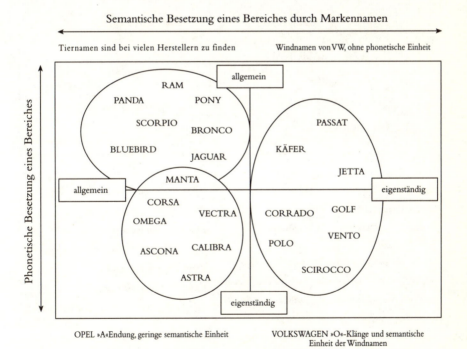

Abbildung 15: Autonamen

Quelle: NOMEN International Deutschland GmbH, Düsseldorf

Semantische Achse des täglichen Kampfes zum Überleben
im Gegensatz zur Flucht in die weite Welt

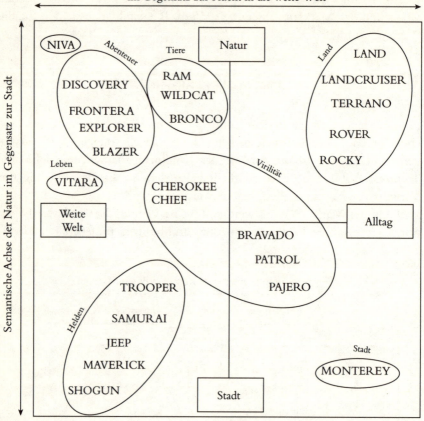

JEEP von General Purpose = Militär

PATROL von Patrouille = Polizei

CHEROKEE CHIEF von Indianerhäuptling =
   wilder Westen

SHOGUN von japanischer Heerführer = Feldherr

BRAVADO von Herausforderung = Virilität, Kampf

PAJERO von jungem Mann = Virilität

NIVA von Nivales = lat. weiß wie Schnee

RAM von Widder, Rammbock = Tier

BRONCO von Wildpferd = Tier

BLAZER von Pioneer = Entdecken

DISCOVERY = Entdecken, Abenteuer

EXPLORA = Entdecken

LAND = Natur, das Land

LANDCRUISER = Natur und Kriegsschiff

Abbildung 16: Namen von Geländewagen

Quelle: NOMEN International Deutschland GmbH, Düsseldorf

bücher. In den meisten Ländern helfen Datenbanken, alle registrierten Marken für Produkte oder Dienstleistungen aufzulisten. Dieses System beinhaltet eine besondere Chance: Es stellt in ausführlicher Form alle existierenden Marken dar, egal ob diese benutzt oder noch nicht verwendet werden. Manchmal liefern ihr Sinn und ihre Charakteristika wertvolle Informationen über ein zukünftiges Produkt und seine Positionierung. Eine solche Antizipation von Konkurrenzprojekten bedeutet natürlich einen Trumpf für die Kreation einer neuen Marke. Kenntnisse über die existierenden Produkte und zukünftigen Pläne der Mitbewerber sind nicht zu vernachlässigen. Ziel ist es dabei, die Namensstrategie der Mitbewerber zu erkennen, um zukünftig phonologisch, morphologisch und semantisch klar definierte Namen kreieren zu können.

Das Markenimage herausfinden

Das Erwähnen des Markenimages ist sehr in Mode gekommen. Jede Marke versucht durch ihren semantischen oder bildlichen Sinngehalt und ihre Kommunikation, einen Platz im Gedächtnis des Verbrauchers oder einer bestimmten Zielgruppe zu erhalten. (Siehe Anmerkung auf Seite 132.)

Qualitative Methoden helfen, die Konturen des Umfeldes zu markieren, indem man dieses auf einem Achsensystem mit verschiedenen Dimensionen darstellt. Auf Grund der menschlichen Unfähigkeit, Räume mit mehr als drei Dimensionen zu erfassen und gewisser technischer Schwierigkeiten, Dokumente mit drei Dimensionen einzusetzen (und zu kopieren), werden Analysen des Markenumfeldes generell in einem Dokument mit zwei Hauptachsen und in Koordinatensystemen, die die privilegierte Zone der Wahrnehmung jeder Marke kennzeichnen, wie auf einer geographischen Karte (daher der Name Umfeld) dargestellt. Abbildung 17 zeigt das semantische Umfeld der Marke MEIN MILD'OR, dem milden Hochlandkaffee von JACOBS.

Manchmal können sich zwei oder mehrere Marken auch teilweise oder ganz überdecken. Das Mapping (zwei Achsenkreuze) läßt sich dann auch durch mehrere Achsen vervollständigen. In diachronischer Weise angewandt, verdeutlichen diese Analysen die Bewegung der verschiedenen Marken und folglich auch ihre Entwicklungstendenzen.

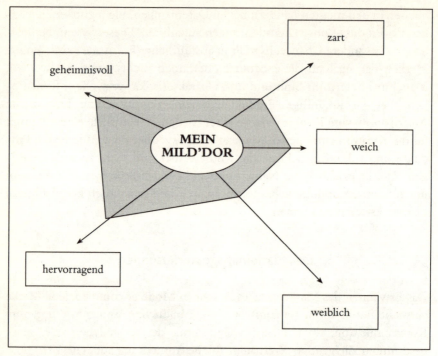

Abbildung 17: Das semantische Umfeld der Marke MEIN MILD'OR
Quelle: NOMEN International Deutschland GmbH, Düsseldorf

Markennamen kreieren

Wenn die Konkurrenznamen, die eigenen Produktnamen und das Image des Herstellers bekannt sind, können die Anforderungen an den Namen präzisiert und eine Recherchestrategie erstellt werden. Dann erst ist es möglich, die Kreation des Markennamens einzuleiten.

Bei einem Autohersteller, der sein neues Modell taufen möchte, ist es zum Beispiel wichtig, nach den physikalischen Eigenschaften des Modells, der Einordnung in bestimmte Modellreihen, der Positionierung am Markt, der Zielgruppe, der Vermarktungs- und Kommunikationsstrategie zu fragen. Außerdem muß man für die Kreation des Namens wissen, in welchen Ländern das Modell vermarktet wird, in welchen Ländern der Name sprachlich und juristisch überprüft werden soll und welche Charakteristika des Modells der Name vermitteln soll. Dann erst kann eine linguistische Charta zur Namensentwicklung festgelegt werden: Phonetisch, morphologisch und semantisch wird definiert, wie der neue Name aussehen soll.

Der Kreation einer neuen Marke sollte eine Leitidee vorangehen: Die »ideale« Marke, die auf Anhieb jedem gefällt, alle Anforderungen erfüllt und juristisch frei ist, stellt eine ganz seltene Ausnahme dar. In den meisten Fällen ist die Marke ein Kompromiß, der versucht, die Vorteile im Dienste des Produktes zu maximieren bzw. die Nachteile zu minimieren. Darum ist besonders zu Beginn der Kreation eine quantitative Produktion und der Einsatz verschiedener, sich ergänzender Techniken wichtig und notwendig.

Der Kreationsprozeß ähnelt der Arbeit eines Goldgräbers, der sehr viel Erde durchsieben muß, bis er schließlich ein Goldkörnchen findet. Dies gilt um so mehr, wenn es sich um ein Segment mit vielen eingetragenen Marken handelt. Aber dies ist nur ein Vergleich: Während das Goldkörnchen von Anfang an wertvoll ist, erhält der ausgewählte Markenname erst mit der Zeit einen Wert, wenn er richtig genutzt wird. Die offenkundige Marke existiert nicht; erst der Gebrauch, das Logo, das Emblem, das sie begleitet, die Kommunikation, die sie umgibt, lassen sie eines Tages offenkundig werden und sichern ihren Fortbestand.

Die Marken, die man als »sehr schön« oder »bemerkenswert« empfindet, sind dies nur durch ihren Gebrauch geworden. Einige von ihnen waren der Gegenstand eines langen Zögerns und haben viele Diskussionen hervorgerufen. Dies ist das Prinzip der Markenautonomie, das bereits dargestellt wurde und das nur begrenzt im Zusammenhang mit anderen Marketinginstrumenten, sondern eher im Zusammenhang mit dem Image der Marke gesehen werden muß.

Kreative Gruppen

Die gebräuchlichste Methode im Bereich der Namenskreation besteht aus einem Meeting von fünf bis zehn Personen, »brain storming« oder »kreative Gruppe« genannt. Die Gruppe besteht aus geschulten Kreativen, die sehr unterschiedliche Menschen sind, jedoch eines gemeinsam haben: die Freude an der Namenskreation. Kreativität entspringt am Kreuzpunkt dieser Unterschiede: Frauen und Männer, junge und alte Menschen, Künstler und Wissenschaftler. Sie üben unterschiedliche Berufe aus. Bei der Agentur Nomen zum Beispiel arbeiten in der kreativen Gruppe Dichter, Linguisten, Schriftsteller, Schauspieler, Ingenieure, Bildhauer, Maler, Journalisten, Musikerinnen, EDV-Spezialisten und Marketingfachleute.

Die Qualität der Ergebnisse ist bei den spezialisierten Kreativen sehr hochwertig. Sie werden nach ihrem kreativen Potential (d.h. ihrer Fähigkeit, leicht zu assoziieren und Analogien zu finden), ihrem Wortschatz, ihren Fremdsprachenkenntnissen und ihrer Sprachgewandheit ausgesucht. Kreativität meint in diesem Zusammenhang die Fähigkeit, in Metaphern zu denken. Auch Mitglieder von Unternehmen können in der kreativen Gruppe mitarbeiten. Sie kennen die Probleme ihrer Firma und die Marktsituation sehr gut, was jedoch auch auf ihnen lastet und ihre Kreativität einschränkt, so daß sie sich ständig kontrollieren und zensieren.

Bei der Auswahl der Kreativen ist darauf zu achten, daß sie die Gruppen oft besuchen können. Die regelmäßige Teilnahme an kreativen Gruppen führt zu einer deutlichen Qualitätssteigerung der Ergebnisse.

Wichtiger noch als die Schulung der kreativen Teilnehmer ist die Professionalität des Moderators: Es muß sich um einen erfahrenen Markennamen-Consultant handeln, der in Kreativitätstechniken in bezug auf Namenskreation ausgebildet ist. Der Leitfaden zu jeder Gruppensitzung setzt genaue Kenntnisse zu dem Projekt voraus: ausführliches Briefing des Auftraggebers und Einsicht in alle Marketingstudien, die im Vorfeld der Kreation stattgefunden haben. Die Ausarbeitung des Leitfadens ist langwierig und kann nur mit viel Gruppenerfahrung effizient sein: Wie führe ich mit welcher Technik die Teilnehmer in die Welt des Produktes, das natürlich nicht genannt wird, um so der Kreativität freien Lauf zu lassen?

Die Prinzipien für Kreativität

Um ein gutes Endergebnis zu erhalten, muß man sich an einige Regeln bezüglich der Kreativitätstechniken halten:

- Es ist unmöglich, gleichzeitig kreativ und auswählend tätig zu sein. Die Phase der Kreation und die der Auswahl müssen streng voneinander getrennt werden. Also: nicht bewerten, nie nein sagen.
- Das Assoziieren von Ideen ist bei weitem der produktivste Mechanismus der Kreation (und bedarf aufmerksamen Zuhörens). Er ist also jedem logischen, rationalen oder methodischen Ansatz vorzuziehen. Also: Angefangenes weiterspinnen.

- Quantität geht der Qualität voran. Diese Regel gilt vor allem im Bereich der Marken. Qualität geht aus der Quantität hervor. Also: alles sagen.
- Auch ganz verrückte Ideen sind willkommen. Scheinbar übertriebene, lächerliche oder unpassende Ideen können zu fruchtbaren Kreationen werden.
- Die optimale Gruppengröße besteht aus sechs bis acht Personen.
- Die Gruppe muß von einem Moderator geleitet werden, der inhaltlich sehr wenig eingreift, jedoch streng auf die Einhaltung der Spielregeln achtet.
- Jeder Begriff ist willkommen. Es geht darum, massenweise Worte auszuspucken, die in der Gruppe von niemandem bewertet werden.
- Die Dauer der Sitzung sollte drei Stunden nicht überschreiten.
- Die Sitzung muß ungestört verlaufen. Zuspätkommen, Störungen oder Telefonanrufe sind im Vorfeld auszuschließen.
- Die Atmosphäre sollte entspannt und locker sein.

Die grundlegenden Techniken

Die analoge Annäherung: der Königsweg der Kreation

Nachdem man die Eigenschaften und die Positionierung des Produktes definiert hat, sucht man in anderen Bereichen nach Begriffen, die dieselben Assoziationen hervorrufen. Zum Beispiel kann man für eine sehr leise Schreibmaschine von RANK XEROX, die angenehm zu bedienen ist, den Namen PIANO kreieren, der international verstanden wird. Er kommt aus dem Bereich der Musik und ruft Assoziationen zu »sachte« und »leise« wach (siehe Foto P: PIANO).

Gebiete wie Musik, Tierwelt, Geschichte und Geographie eignen sich besonders gut als Assoziationsfelder. Man sollte sich jedoch nicht auf einige naheliegende Analogien beschränken, die vermutlich schon von anderen benutzt wurden, sondern möglichst viele Assoziationsfelder heranziehen.

Um zu verhindern, daß man zu sehr am eigentlichen Sujet »kleben bleibt«, kann man zusätzlich Suchfelder zu den Assoziationsfeldern erarbeiten. Im Gegensatz zum logischen Gedanken, durch den man nur das entdecken kann, was ohnehin in den Prämissen steckt, kann der analoge Ansatz zu neuen, kreativen Assoziationen und Ideen führen.

Um zum Beispiel einen Namen für einen Fetakäse zu kreieren, führt der Moderator die Teilnehmer der Gruppe in folgende Situation: »Stellen Sie sich vor, wir verreisen gemeinsam. Unser Ziel ist der Balkan. Wie würden Sie Ihren Eindruck von der Landschaft beschreiben? Sie fahren durch Städte. Sie begegnen Menschen, überall ungewohnt klingende Namen. Wie lauten diese?«

Analogien können auch in Form von »Was wäre, wenn«-Fragen ermittelt werden. Jeder Teilnehmer versetzt das Produkt in verschiedene Bereiche, die der Moderator anspricht: Wenn es ein Musikinstrument wäre, eine historische Persönlichkeit, eine Fabel, eine lebende Person, eine Märchenfigur, eine Zahl usw.

Willkürliche Stimulationen

Die Namenssuche mit Hilfe von Assoziationen zum Produkt oder zu der Dienstleistung bringt einen offensichtlichen Nachteil mit sich: Man folgt den Stereotypen unserer Kultur, den eingefahrenen Ideen, so wie ein Fluß an der steilsten Stelle ins Tal fließt. Dies führt manchmal dazu, daß man auf Bereiche stößt, die schon stark belegt sind, und auf Namen, die bereits geschützt sind.

Ein Weg, dieser »gedanklichen Autobahn« zu entgehen, besteht darin, von vornherein nach Anregungen zu suchen, die keinen direkten Bezug zum Sujet haben, und anschließend eine Verbindung zum Objekt der Recherche herzustellen. So lassen sich neue Gedankenwege und originelle, unverbrauchte Ideen entwickeln. So suchte eine Gruppe beispielsweise einen Namen für ein neues Automodell, einen Kleinwagen. Die Assoziationen der Kreativen kamen in einem der ersten Schritte zu Begriffen wie kleines Kind, Frechdachs und Wendigkeit. Erst viel später bewegte sich die Gruppe dichter am Objekt »Auto«.

Man kann sich dem Sujet auf eine weitere interessante Weise annähern, indem man zufällige Worte aus dem Lexikon heraussucht, mit Scrabblesteinen spielt oder figurative Bilder benutzt.

Die Verschiebung des Sujets

Diese Technik ist der analogen sehr ähnlich; sie besteht darin, daß man eine Recherche in einem benachbarten, anregenden Bereich durchführt und das Produkt, die Dienstleistung oder die Firma, die man benennen möchte, zunächst nicht erwähnt.

Anstatt direkt einen Computernamen zu suchen, kann man in der Gruppe (der man verschweigt, um was es sich handelt) mit anderen Bereichen arbeiten: Was bedeutet Partnerschaft, welche Gefühle stecken im Wort »Partner«?

Ein weiteres Beispiel: Bei der Suche nach Namen im Bereich der Fertilitätskontrolle und Hormon-Therapie spielte die Leiterin der Kreativgruppe zum Einstieg ein kurzes Musikstück mit Tönen aus der Natur vor: Wassergeplätscher, Vogelstimmen, Regengeräusche. So bearbeitete die Gruppe im ersten Schritt die Assoziationsfelder zu Natur, Vitalität, Lebensqualität, Ausgeglichenheit. Im weiteren Verlauf versetzten sich die Kreativen in die Situation einer etwa 55jährigen Frau, die schon seit Jahren verwitwet ist und sich neu verliebt. Die Gruppenmitglieder beschäftigen sich intensiv mit dem Thema Gefühle, Gemeinsamkeiten, Pläne. Erst ganz am Schluß nähert sich die Gruppe dem eigentlichen Produkt.

Diese Methode bietet zwei Vorteile: Sie hebt die Zwänge und Hemmungen, ein Computername müsse zwingend seriös und technisch klingen, auf, und sie sichert den vertraulichen Charakter des Projektes.

Durchleuchten

Man analysiert das Objekt im eigentlichen Sinne des Wortes: Man zerlegt es, seziert es und erstellt eine Liste mit allem, was es ausmacht. Beispielsweise stellt man eine Tabelle mit vier Spalten auf: Elemente, Funktionen, Kontext, Zielgruppe. In jede Spalte trägt man zusammen mit der Gruppe die grundlegenden Elemente ein, und zwar so detailliert wie möglich. Aber Vorsicht: Auch hier sollte man eher assoziativ als methodisch arbeiten. Die mündliche, kreative Arbeit sollte sich also auf die interessantesten und originellsten Begriffe stützen.

Fast alle Kreativitätstechniken sind für die Kreation von Markennamen anwendbar. Sie sind miteinander zu kombinieren und können ergänzt werden durch:

- die individuelle, unterstützende Methode: Ein einziger Teilnehmer kreiert, und die anderen helfen ihm, seine Gedanken zu formulieren. Natürlich wechseln sich die Kreativen von Zeit zu Zeit ab.
- Identifikation: Ein Teilnehmer (oder die ganze Gruppe) identifiziert sich mit dem Produkt und spricht in der ersten Person von ihm. »Ich bin ein grauer Kasten, kann dir helfen und echte Unterstützung bieten.«
- Assoziationen von Bildern, Geräuschen: einstimmende Musik, Beschreibung einer malerischen Szene.

Auswertung der Ergebnisse

Eine gut eingespielte und geleitete kreative Gruppe hat eine hohe Produktivität. Sie kreiert in zwei Stunden durchschnittlich 2.000 Namen. Es gilt, diese Ergebnisse sorgfältig auszuwerten, da 90 Prozent der Namen wegfallen: ungeeignete Worte, bereits geschützte Marken, Doppelungen usw. Die Auswahl sollte nur in Ausnahmefällen von der Gruppe selbst getroffen werden. Besser ist es, sie von einer Person durchführen zu lassen, die Erfahrung mit Markennamen hat. Die Namen, die in der Gruppe entstehen, sind meistens noch nicht ausreichend ausgeleuchtet. Das eine oder andere Wort aus dem Sprachgebrauch, das in der Gruppe vorgeschlagen wurde, mag interessant sein, sollte jedoch noch abgeändert werden, damit es ein richtiger Name wird und auch im Ausland ausgesprochen werden kann.

Dieses Durchleuchten sollte von einem Linguisten geleistet oder aber – nach der Auswahl der interessantesten Worte – durch eine Finalisierungsgruppe vorgenommen werden. Das Anforderungsprofil ist hier ein anderes als das bei den Kreativen, denn hier sind linguistische Kompetenz, Fremdsprachenkenntnisse, eventuell eine juristische Sensibilität gefragt.

Software zur Kreation von Markennamen

Seit einigen Jahren sind verschiedene Programme zur Kreation von Markennamen auf dem Markt. Die meisten von ihnen sind von Namensspezialisten für den persönlichen Gebrauch entworfen worden und nicht käuflich. Andere sind dagegen von Softwarefirmen entwickelt worden und frei verkäuflich.

Es gibt zwei verschiedene Grundeinstellungen zur Kreation von Markennamen mittels Software: zum einen die naive Begeisterung, begründet auf der vergeblichen Hoffnung, mit diesen Programmen ein Allheilmittel gefunden zu haben; auf der anderen Seite steht ein skeptisches Mißtrauen, das die Computer als dumm einstuft und davon ausgeht, daß sie niemals mit der menschlichen Kreativität konkurrieren können.

Die Erfahrung zeigt, daß im Bereich der Marken (wie auch in anderen Bereichen, z.B. dem der Schachcomputer) diese beiden Meinungen zu extrem sind. Die Software zur Namenskreation hat ihre Chancen und Grenzen.

Die Chancen

Der Computer führt die Kombination mit einer Schnelligkeit und Effektivität durch, mit der kein Mensch mithalten kann. Wenn es darum geht, Silben, Buchstaben, Wortstämme zu kombinieren, ist der Computer extrem produktiv und sicher vor Fehlern.

Der Computer kann auch einwandfrei Ideen sortieren, um sie dann zu ordnen und zu speichern. Andere Computerprogramme arbeiten zufallsbedingt. Sie sind vor allem bei Kombinationen wirksam, die wegen ihrer hohen Anzahl nicht alle ausgewertet werden können und bei denen eine systematische Bearbeitung zu langwierig wäre. Gibt es zu viele Kombinationsmöglichkeiten (die »Kombinationswand«), wählt der Computer nach dem Zufallsprinzip aus, wozu der menschliche Geist niemals in der Lage wäre, und vermeidet es, dem alten »Trott« der Gewohnheiten zu folgen.

Und last not least bieten die Computerprogramme eine große Originalität. Im Vergleich zu den Engpässen menschlicher Denkgewohnheiten wählen sie per Zufall, schnell und ohne kulturelle und geistige Hemmungen aus. Die Kreation findet ohne psychologische, geistige oder kulturelle Barrieren sowie ohne Bezug auf eine gegebene lexikale Grundlage statt. Der Computer bietet Schnelligkeit und Effizienz, mit denen sich der Menschenverstand nicht messen kann. Es kümmert ihn nicht, wie »undankbar« die Aufgabe ist, er arbeitet produktiv und fehlerfrei.

Der Computer vereinfacht die kreative Arbeit, indem er sortiert, klassifiziert, speichert.

Die Grenzen

Wenn der Computer auch mit viel Geduld und Methode die Felder, die man ihm eingegeben hat, bearbeitet, so ist er doch nicht fähig, seinen vorgegebenen Rahmen zu sprengen und wirkliche Innovationen in bezug auf Form oder Sinn abzuliefern. All seine Wortspiele vollziehen sich ohne Bezug zum Wesen, zum Sinn des Wortes. Daher kommt es manchmal zu lächerlichen, absurden Ergebnissen. Ein weiterer Nachteil des Computers ist die bereits erwähnte »Kombinationswand« oder der »mögliche Horizont«. Jede Kombinationsmethode kann sehr schnell zu einer Anzahl von Kombinationen führen, die man gar nicht mehr bearbeiten oder produzieren kann.

Zum Beispiel gibt es insgesamt acht Milliarden Kombinationsmöglichkeiten für Wörter mit sieben Buchstaben. Von 500 Wörtern pro Seite ausgehend, käme man auf das Vierhundertfache der Enzyclopedia Universalis, die 28.000 Seiten zählt. Allein das Drucken eines solchen Textes würde mit einem Laserdrucker drei Jahre dauern. An die Bearbeitung gar nicht zu denken...!

Mit Hilfe von Kniffen und Tricks und um die größtmögliche Eleganz der Worte zu erreichen, versuchen die Softwareerfinder diese Schwierigkeiten zu vermeiden. Man versucht, die Struktur der Worte im Vorfeld zu definieren. Man ist bemüht, zu analysieren und zu reproduzieren. Die Charakteristika einer Sprache sowie die Frequenz und Aneinanderreihung ihrer Buchstaben werden imitiert. Man baut Filter ein, die die Aussprechbarkeit garantieren. Man ermöglicht dem Anwender, bewußt oder unbewußt Präferenzen anzugeben.

Die Informatik ist heutzutage eine wertvolle Hilfe für den Markenentwickler, vorausgesetzt, man kennt sich mit der Software aus und versteht es, sie richtig und gemäß der Aufgabenstellung anzuwenden. In der Praxis wird sie meistens von professionellen Namensentwicklern benutzt. Ihre Anschaffung ist nicht sehr kostspielig, sie erfordert allerdings eine regelmäßige Anwendung, um Praxiserfahrung zu sammeln.

Die wichtigste Software zur Namenskreation

Nomen 7

Nomen 7 wurde im Jahre 1975 von Roland Moreno konzipiert und von Marcel Botton weiterentwickelt und stark verbessert. Diese Software unterscheidet sich beträchtlich von anderen auf dem Markt. Es ist eine Art »Imitator«, der, von einem Korpus ausgehend, versucht, dessen formale Regeln zu reproduzieren. Diese Software analysiert auf einer Basis von 50 bis 500 Worten die Beschaffenheit des Korpus: Häufigkeit der Buchstaben, Häufigkeit von Buchstabenkombinationen, statistische Wahrscheinlichkeit der Aneinanderreihung und Gruppierung von Buchstaben, durchschnittliche Länge der Wörter, Merkmale der Anfangs- und Endsilben.

Die Computerkreationen ähneln also dem Referenzkorpus: Werden Schimpfwörter eingespeichert, so klingen auch die Kreationen wie Schimpfwörter. Heraus kommen Wortschöpfungen wie TÖLPATZE, BISSGURST, FUCHBAZI oder LÖDIOT, die einer ganzen Generation genug Material für die Wortgefechte liefern könnten.

Besteht der Input aus sanften Wörtern, kreiert auch der Computer eher zarte Silbenkombinationen. Bei der Suche nach einem neuen Kaffeenamen für JACOBS setzte der Computer MILD & FINE z.B. in DEFINE, MY-LADY oder MILENA um. Das Programm kann darüber hinaus in allen ins lateinische Alphabet übertragenen Sprachen arbeiten. Je nach Anforderung entsprechen dann die Kreationen der eingespeicherten Sprache. Die Sprachen können natürlich auch gemischt werden, ebenso wie verschiedene Referenzkorpi. Um die Aufmerksamkeit des Benutzers aufrechtzuerhalten, arbeitet das Programm per Zufall und nicht systematisch: Die Wörter werden nicht in logischer Reihenfolge kreiert.

Wie groß ist die Wahrscheinlichkeit, daß ein Wort innerhalb des Korpus mit den Konsonanten TR beginnt oder daß auf TR die Vokale A oder O folgen etc.? Die statistischen Merkmale werden nicht aus einer bestimmten Sprache heraus abgeleitet, sondern ausschließlich aus dem zugrundeliegenden Korpus. Man kann feststellen, daß jedes Korpus seinen eigenen Kode hat, und der Computer, wenn er diesem Kode folgt, Wörter produziert, die ganz ähnlich klingen.

Natürlich muß der Gebrauch dieser Software optimal gestaltet werden. Die kreierten Wörter dürfen dem Korpus wiederum nicht so ähnlich sein, daß sie wie eine Imitation der Marke wirken. Auf der anderen Seite sollten sie nicht zu weit von dem Korpus entfernt sein und dieselben Assoziationen hervorrufen. Der jeweilige Parameter ist in jedem Fall anders und läßt sich einstellen. Nomen 7 ermöglicht es, verschiedene Umfelder zu vermengen, die Worte des Korpus abzuwägen und in verschiedenen Sprachen oder Schriften zu arbeiten. So ist es durchaus möglich, Wörter zu produzieren, die dem Kode einer bestimmten Sprache (z.B. Französisch) folgen. Dazu müssen vorab einige bekannte Parameter dieser Sprache eingegeben werden. Das Vorgehen ist für den Benutzer ganz deutlich und transparent und verlangt nicht nach Kenntnissen einer statistischen Analyse. Die Software ist am besten zur Kreation von Marken mit wenig oder gar keiner konkreten Bedeutung geeignet.

Syntax

Syntax ist eine sehr einfache Software, die es ermöglicht, Silben zu kombinieren. Anders als Nomen 7 arbeitet Syntax systematisch und nicht zufällig. Es stellt nach und nach alle vorab eingegeben Silben nebeneinander. Trotz seiner Einfachheit, erweist sich Syntax oft als sehr hilfreich, da es die recht langweilige Kombinationsaufgabe übernimmt. Je größer der Input ist, desto mehr Schöpfungen erhält man. Gibt man zum Beispiel Begriffe wie *Information, Data, Software, Computer, Printer, Logical* und *Intelligent* ein, produziert der Computer daraus *Informata, Informal, Cogical, Computent, Logicare* etc.

Kombi

Kombi leistet dieselbe Arbeit wie Syntax, aber nur mit ganzen Wörtern. Es ermöglicht, zusammengesetzte Wörter oder Ausdrücke zu schaffen. Machmal bringt es sogar unerwartet poetische Kombinationen hervor: START AND GO (siehe Foto Q).

Helena

Helena kreiert neue Wörter mit griechischen und lateinischen Wortstämmen. Es ist bei technischen und wissenschaftlichen Namen besonders interessant, z.B. im pharmazeutischen Bereich. Dieses Programm half z.B. bei der Entwicklung des Namens SUPPORTAN für ein Produkt der FRESENIUS AG, das zur medikamentösen Ernährung von Krebspatienten dient. Der Name ist eine Verbindung der Begriffe supperto (lat. unterstützen) und Titan, ein riesenhafter Gott aus der griechischen Mythologie.

PhäNomen

PhäNomen erfindet systematisch neue aussprechbare Wörter mit drei, vier oder fünf Buchstaben. Hier kann der Benutzer internationale Filter einsetzen, wenn die Kreationen in bestimmten Sprachen aussprechbar sein sollen. Es listet in ausführlicher Form alle aussprechbaren Wörter mit einer bestimmten Struktur und Länge auf. Wie die Praxis zeigt, muß man die Wortlänge unbedingt auf fünf Buchstaben beschränken, um keine unüberschaubaren Listen zu erhalten. Eine interessante Anwendungsform von Phä-Nomen ist die Möglichkeit, die Suchfelder auf bestimmte Sprachen zu konzentrieren, so daß man Kreationen erhält, die zugleich im Deutschen, Französischen, Englischen, Spanischen und Japanischen aussprechbar sind. Auf diese Weise entstehen Marken, die in all diesen Ländern einsetzbar sind.

Name-it

Name-it produziert nach einem vorab festgelegten Muster Wörter mit einer bestimmten Struktur (Konsonanten, Vokale, Silben). Man kann auch ein Silbenwörterbuch herstellen, das zum jeweiligen Suchfeld paßt.

Namer

Namer ist eine sehr komplexe Software, die mehrere Mechanismen in sich vereinigt. Eine besondere Eigenschaft ist eine Form von künstlicher Intelligenz. So registriert diese Software die Präferenzen des Anwenders und beachtet diese bei der Kreation der neuen Wörter.

Autograph, Phonograph, Mixer (Demoniak)

Autograph bringt Konsonanten und Vokale mit der Möglichkeit hervor, Variablen und Optionen festzulegen. Phonograph erlaubt es, alle orthographischen Möglichkeiten einer phonetischen Kette aufzulisten. Mixer vermengt graphische und phonetische Elemente in einem vom Benutzer festgelegten Modell.

Mit all diesen Programmen überbrückt der Computer die Mängel der menschlichen Kreativität, indem er qualitative und quantitative Vorteile aufweist. Die Kreationsprogramme garantieren Schnelligkeit. Bei Buchstaben-, Silben- und Wortstammkombinationen ermöglichen sie die Kreation von tausend Wörtern in einigen Minuten.

Außerdem arbeiten einige der Programme systematisch und bieten eine vollständige Lösung an, wenn man sie lange genug arbeiten läßt. Der Benutzer erhält so die Sicherheit, daß alle Möglichkeiten in Erwägung gezogen wurden, wie zum Beispiel die Kreation aller aussprechbaren Wörter mit drei Buchstaben von ABA bis zu ZUZ über ATA, AXA, OMO und UHU.

Dokumentarische Untersuchungen

Aufgrund der Vielzahl der bestehenden Marken und wegen der Schwierigkeiten, noch frei verfügbare Marken aus dem Sprachgebrauch zu finden, kommt den dokumentarischen Untersuchungen eine große Bedeutung zu.

Es geht dabei darum, in Lexika und Enzyklopädien Worte aufzustöbern, die durch ihre Form oder Bedeutung ein interessantes Potential besitzen: Mittelhochdeutsch, Gaunersprache, Dialekt, plattdeutsch, Atlanten (Achtung: In einigen Ländern sind geographische Bezeichnungen nicht schutzfähig!), Anglizismen, astronomische Führer, Mythologie usw. Die Quellen für die dokumentarischen Untersuchungen können zu interessanten Fundstätten werden. Man kann durch sie auf so unbekannte Worte stoßen wie YSATIS, ein Parfüm von GIVENCHY (Wer weiß schon, daß Isatis – mit i geschrieben – ein Schneefuchs ist?). Durch ihre Form und ihren Klang rufen bestimmte Wörter Aufmerksamkeit hervor. JAIPUR ist eine Stadt in Indien und ein Parfüm von BOUCHERON, NOKIA ist eine Elektronikmarke und eine finnische Stadt, und NIKE ist die Siegesgöttin im alten Griechenland. Aus diesen Namen können Marken werden, die fast wie frei erfunden wirken, da nur wenige Menschen ihren eigentlichen Sinn kennen. Dennoch besitzen sie den Vorteil, durch die Verbindung von Bedeutung und dem benannten Produkt im nachhinein erklärt werden zu können.

Die so gut wie unbekannten Wörter gehören zu den interessantesten und werden deshalb von Unternehmen häufig gewünscht. Zwischen Wörtern, die der Mehrheit der Bevölkerung oder der Zielgruppe bekannt sind, und Wörtern, die sehr viele Personen (etwa 95 %) nicht kennen, existiert eine Grauzone von Wörtern mit einem leichten Assoziationspotential. Diese werden auch ohne klare Definition als existierende Wörter erkannt und manchmal sogar mit einem bestimmten Umfeld in Verbindung gebracht.

Die Aufgabe des Dokumentaristen besteht darin, sich von seinem eigenen Wortschatz zu lösen und sich in den Durchschnittsverbraucher zu versetzen, um die Wörter, die zu der Grauzone gehören, zu finden. Diese Arbeit sollte die Erstellung einer Datenbank mit »seltenen« Wörtern oder mit Begriffen, die positive Assoziationen hervorrufen, einschließen.

Datenbanken mit Namen

Einige spezialisierte Namensagenturen und einige Unternehmen mit vielen Marken haben ein System der Klassifizierung mit möglichen Namen (z.B. für Lebensmittel), auf die sie während der Recherchen gestoßen sind, angelegt.

Wie die Datenbanken mit eingetragenen Marken, mit denen sie jedoch nicht zu verwechseln sind, sind sie jedoch nur von Nutzen, wenn die Klassifizierung adäquat durchgeführt wurde. Ein gutes System sollte zugleich dem Produkttypus, den Assoziationen und den formalen Eigenschaften des Wortes Rechnung tragen.

Datenbanken mit Sprachwurzeln und internationalen Wörtern

Der immer häufiger geäußerte Wunsch, international einsetzbare Marken zu finden, hat zu einer Bestandsaufnahme von »internationalen« Wörtern geführt (solche, die in verschiedenen Sprachen denselben Sinn und dieselbe Form haben). Diese Datenbank wird von der Gruppe Nomen unter dem Namen PANGLOSS geführt. Sie beinhaltet alle identischen oder benachbarten Wörter in den sieben wichtigsten europäischen Sprachen: Französisch, Englisch, Deutsch, Spanisch, Italienisch, Niederländisch und Schwedisch. Auch wenn es in den sieben Sprachen kleine orthographische Unterschiede gibt, sind die Wörter in allen Sprachen verständlich, z.B.: *Akazie, Albatros, Akademie.*

Dieses Lexikon geht von einer Basis von 25.000 Wortstämmen aus und kommt zu folgendem Ergebnis: 1.300 Wörter sind in den sieben europäischen Sprachen identisch, wie *Demokratie, International, Obsession, Kaliber, Zeder, Scenario, Dolce Vita, Szene.* Dennoch können auch internationale Wörter von einem Land zum anderen unterschiedliche Bedeutungen haben. *Evasion* ist in Frankreich die Flucht aus dem Alltag, in Großbritannien die Steuerhinterziehung. Ein *Dandy* ist in Frankreich ein eleganter Intellektueller, in Deutschland eher ein Geck. *Tresor* steht in Frankreich für Schatz, in Deutschland für einen sicheren Geldschrank. Das Präfix *inter* birgt fast überall Assoziationen mit kosmopolitischem Charakter, ist in den neuen Bundesländern aber mit Funktionärsprivilegien (Intershop) behaftet.

Die Auswahl des Markennamens

Der Einsatz aller Mittel zur Namenskreation führt zu einer Liste mit ungefähr 10.000 Namen. Es wäre jedoch sinnlos, diese komplett den Entscheidungsträgern vorzulegen. Eine Auswahl ist also ebenso notwendig und wichtig wie die vorhergehende Kreation. Sie kann auch in kleinen Gruppen durchgeführt werden.

Das Projektteam wählt nun im ersten Schritt die Namen aus, die die Marketingkriterien am besten erfüllen. Jeder Name wird dahingehend geprüft, ob er den Briefing-Angaben gerecht wird. Besser, als das Potential jedes einzelnen Wortes abzuwägen, ist es, wenn jeder Teilnehmer für sich die geeignetsten Namen auswählt. Die Gruppe diskutiert dann nur noch über die Namen, die mindestens zwei Teilnehmer ausgewählt haben. Man kann die Namen auch auf einer Liste aufführen, in der auch die Namensanforderungen Erwähnung finden. Diese können nun miteinander verglichen werden, und jede Marke erhält eine Note. Diese rationale Methode hat auch einen Nachteil: Sie berücksichtigt keine gefühlsmäßigen Präferenzen, die häufig bei der Namensauswahl eine Rolle spielen. Und wir wissen, daß Menschen beim Kauf eines Produktes zu neunzig Prozent emotionale Entscheidungen treffen, die sie erst später rationalisieren. Außerdem ist die beste Durchschnittsnote oft ein Kompromiß. Will man alle heterogenen Namensanforderungen berücksichtigen, läuft man Gefahr, einen Namen ohne Relief zu favorisieren: Nur weil eine Ente z. B. in der Luft schneller als ein Delphin, im Wasser schneller als der Leopard und auf der Erde schneller als der Falke ist, so wäre es doch nicht angebracht, sie im Durchschnitt als besonders schnelles Tier zu bezeichnen.

Wählt ein Markennamen-Consultant als Projektleiter die Namen aus, hat er durch seine Erfahrung höhere Chancen, die Namen mit starkem Zukunftspotential nicht zu verpassen. Seine Vorauswahl muß dann im Team besprochen werden, um die persönlichen Vorlieben nicht überzubewerten. Angesichts unserer schnellebigen Zeit kommt heute den Namen, die durch große Originalität auffallen, eine hochrangige Bedeutung zu.

Juristische Überprüfung

Die Kreation von Markennamen ist untrennbar mit Voruntersuchungen über die freie Verfügbarkeit verbunden. Sie finden unabhängig von vertiefenden Recherchen, die parallel zur Kreation verlaufen, statt. Einfache Namenslisten, die nicht überprüft wurden, enden oft mit einem kostspieligen Mißerfolg, da die Namen juristisch nicht frei und somit auch nicht einsetzbar waren. Man muß den Entscheidungsträgern also Listen mit überprüften, sortierten Namen vorlegen, die eine hohe Wahrscheinlichkeit besitzen, juristisch einwandfrei zu sein. Diese Überprüfung kann per Datenbank in fast allen Ländern durchgeführt werden. Es handelt sich hierbei um Identitätsrecherchen, die herausfiltern, ob es identische oder quasi-identische Marken bereits gibt. Diese Voruntersuchungen können allerdings in keiner Weise eine hundertprozentige Garantie für die juristische Verfügbarkeit des Namens sein, noch können sie genaue juristische Untersuchungen ersetzen, bei denen Patentanwälte 500 Namen im Vergleich zu einer Namenskreation begutachten. Es ist verständlich, daß dieser Aufwand nur für die Namen der Endauswahl betrieben werden kann.

Internationale Überprüfung

Betrachtet man die Verschiedenheit der Sprachen, denen sich die neue Marke nach Export stellen soll, so ist die Wahrscheinlichkeit groß, daß sie in einigen Sprachen einen unerwünschten Sinn hat. Es kommt tatsächlich häufig vor, daß ein Name oder eine bestimmte Buchstabenkombination in einigen Ländern eine Bedeutung hat, die dem Produkt schadet. Auch sind manche Wörter in einigen Sprachen gar nicht aussprechbar. Oder der Name wird bereits für ein ganz andersartiges Produkt benutzt, dessen Bekanntheit sich störend auswirken könnte.

Linguisten und Muttersprachler überprüfen die Namen nach phonetischen, morphologischen und semantischen Aspekten in allen gewünschten Sprachen. Unliebsame Assoziationen, wie sie die folgende Liste von Flops aufzeigt, können dadurch vermieden werden.

Flops bei der Entwicklung von Autonamen

AUDI A4, A6, A8: tragen den gleichen Namen wie drei Autobahnen in Deutschland.

AUSTIN METRO: erinnert nicht nur in Frankreich an die U-Bahn.

CITROEN EVASION: erwies sich in Großbritannien als Problem, da viele Briten bei dem Namen an »tax evasion« (Steuerflucht) oder »prison« (Gefängnis) dachten.

DAEWOO NEXIA & ESPERO: Daewoo mußte in Deutschland 30 Mio. DM in die Werbung stecken, damit der Name aussprechbar wurde. »Espero« heißt auf spanisch »ich warte« – auf den »Nächsten« (auf englisch: »next«).

DAIHATSU DASH: erinnert jeden Deutschen spontan an das gleichnamige Waschmittel.

FIAT CINQUECENTO: bereitet allen Nicht-Italienern große Ausspracheprobleme. Der Fiat Cinquecento sollte ursprünglich einmal TOPOLINO heißen. Der Name kam nicht durch, da Walt Disney Widerspruch anmeldete: In Italien heißt die Mickey Maus Topolino.

FIAT REGATA: bedeutet im Schwedischen »streitsüchtige Frau«.

FIAT RITMO: wurde in England und USA in STRADA umgetauft, da viele an eine Methode der Empfängnisverhütung dachten (»rhythm method«).

FIAT UNO: im Finnischen eine Beleidigung: »Uno« – der Trottel.

FORD PROBE: ist in Deutschland nur für Probefahrten geeignet.

LADA NOVA: wird im Spanischen als nicht funktionierend angesehen. »No va« bedeutet: »Funktioniert nicht, läuft nicht«.

LANCIA DEDRA: verkaufte sich nur schleppend in Großbritannien, da die Briten an »dead« (tot) denken mußten.

MERCEDES 400: bereitet Schwierigkeiten in Südostasien. Dort symbolisiert die Zahl 4 den Tod.

MITSUBISHI PAJERO: wurde in allen spanischsprechenden Ländern in MONTERO umgetauft, da »pajero« im Spanischen umgangssprachlich »Wichser« bedeutet.

NISSAN SERENA: kollidiert in verschiedenen europäischen Ländern mit der gleichnamigen Damenbinde.

OPEL CORSA: »Coarse« bedeutet im Englischen »rauh« und »ungehobelt«.

ROLLS ROYCE SILVER MIST: sorgte in Deutschland für Spott. Die Deutschen schlossen nicht auf Silbernebel, sondern nahmen den Namen wörtlich.

SEAT: bedeutet im Englischen »Sitz«.

TOYOTA MR2: mußte in Frankreich in MR umgetauft werden, da die Franzosen an »merde« und »merdeux« (Scheiße, Scheißer) dachten.

TOYOTA STARLET: ist in den USA nicht gut angesehen, da Starlets (»Filmsternchen«) beim Film nicht allzuviel Respekt entgegengebracht wird.

VW CORRADO: das italienische Pendant zum deutschen Vornamen »Konrad«.

VW JETTA: ein möglicher Flop im Italienischen, da der Name an »Pechsträhne« (»iella«= Unglück) und an »Wegwerfen« (»gettare«) erinnert (siehe dagegen Foto R:VENTO).

VW SHARAN: ist im englischsprachigen Raum ebenfalls problematisch, da der Name die Assoziation »Flittchen« heraufbeschwört. Der Hintergrund: In England gibt es eine TV-Serie, in der eine der Protagonistinnen mit zweifelhaftem Ruf Sharon heißt.

Qualitative Assoziationstests

Bei internationalen Namenstests benutzt die Gruppe NOMEN zwei Methoden: zum einen die qualitative Gruppendiskussion und zum anderen Face-to-face-Interviews.

Bei der Gruppendiskussion werden drei Stunden lang acht Teilnehmer aus der Zielgruppe befragt. Betreut werden sie von ausgebildeten Projektleitern und einem Psychologen. Bei der Befragung wissen die Teilnehmer nicht sofort, was das Ziel der Diskussion ist. Es werden meist spontane Reaktionen zu geschriebenen Wörtern aufgezeichnet: Assoziationen, Aussprache, Reaktion. Dann erst erfährt die Gruppe, daß es sich um Namen handelt, und es schließen sich die Fragen an: Welche Produkte können sich die Teilnehmer darunter vorstellen? Wenn es zum Beispiel ein Auto wäre, wie würden sie es dann beschreiben? Erst danach wird das Produkt verraten, gezeigt, genau beschrieben. Anschließend wird wiederum ermittelt, welche Akzeptanz die Namen jetzt bei den Testpersonen besitzen.

Diese progressive Vorgehensweise in vier Stufen ermöglicht es, alle Assoziationen zu dem Namen aufzuzeichnen. Nützlich sind auch hier projektive Methoden, die allerdings einen Senior-Projektleiter und die Interpretation des Psychologen erfordern:

Stellen Sie sich vor, Sie sind zu einem Cocktail-Empfang eingeladen. Am Buffet stehen drei Damen, sie heißen Nadiva, Yalisa und Intuiva. Beschreiben Sie die Damen. Welche sprechen Sie an? Welche könnte Ihre Freundin werden?

Man kann hier sehr weit gehen und die Gruppendynamik nutzen, aber der Leiter muß vor allem wissen, wie er die Resultate zu interpretieren hat.

Als beispielsweise die erste schwarze Verpackung für eine Eiscreme getestet wurde, gab es nach zehn Minuten nur noch negative Assoziationen zu Tod und allem, was damit zusammenhängt. Doch die spontane Reaktion war ein Überrraschungseffekt, gekoppelt mit Assoziationen zu Hochwertigkeit. Die Gruppenanalyse hatte als Schlußfolgerung die Empfehlung, ein Eis mit einer schwarzen Verpackung zu vermarkten. MOTTA hat damit seit Jahren Erfolg.

Verglichen mit Einzelinterviews, die persönlich oder telefonisch durchgeführt werden können, haben Gruppengespräche folgende Vorteile:

- Die sogenannten »projektiven« Techniken erlauben einen assoziativeren und bildhafteren Ausdruck als die Techniken des Einzelinterviews.
- Sie können ein größeres Feld abdecken.
- Sie sind schneller durchzuführen und ermöglichen die Anwesenheit der Verantwortlichen.

Gruppengespräche bringen jedoch auch Nachteile mit sich:

- Gruppendiskussionen durchleben einen gruppendynamischen Prozeß: Führerschaft, Beeinflussung der Gruppe durch den Gesprächsleiter, aus der Manipulation entstehen kann, sind die Gefahren.
- Es ist nicht möglich, wie im Einzelgespräch auf die Meinung der Minderheit einzugehen.
- Gruppendiskussionen werden aus praktischen Gründen nur an ein oder zwei Orten durchgeführt; eine feine, geographische Segmentierung wie in Einzelgesprächen ist folglich nicht möglich.

Die qualitativen Techniken – ob in Einzel- oder Gruppendiskussion – helfen, das Assoziationsumfeld der Marken zu erheben, indem sie eine Art »mentale Karte« der Assoziationsketten erkennen lassen. Die Ergebnisse müssen jedoch etwas relativiert werden, da die Verbraucher sich auch durch andere Dinge, die zur Marke gehören, beeinflussen lassen: Verpackung, Werbung usw. In den meisten Fällen ist der Verbraucher vorsichtig in seiner Wahl, bevorzugt Konventionelles und verwirft zunächst Originelles und Auffälliges, das aus dem üblichen Rahmen fällt.

Man wird auch feststellen, daß Wortspiele und negative Assoziationen im Test mehr Gewicht haben als später, wenn die Marke erst einmal auf dem Markt ist.

Fünf Grundsätze zur Kreation von Marken

Die Komplexität und die Vielfalt der Ausgangssituationen machen es schwierig, eine einzige, universelle Strategie zu definieren, die man in jedem Fall anwenden kann, um eine Marke zu kreieren. Dennoch ist es möglich, fünf Hauptprinzipien zu nennen, die sich in den meisten Kreationsprozessen umsetzen lassen:

- 1. Die Marke muß auffallen.
- 2. Die Marke muß sich abgrenzen und ihre eigene Sphäre besetzen.
- 3. Die Marke darf das Produkt nicht geographisch oder zeitlich einengen.
- 4. Die Marke soll eher suggerieren als beschreiben.
- 5. Die Marke muß juristisch einwandfrei sein.

I. Die Marke muß auffallen

Die Vielfalt der sprachlichen Zeichen, denen wir jeden Tag begegnen, ist beträchtlich. Im Durchschnitt kommen wir mit 800 Wörtern in unserem Wortschatz aus. Im Vergleich dazu nimmt der Markenname eine besondere Stellung ein: Man schätzt, daß im städtischen Umfeld täglich ungefähr 500 Marken unsere Aufmerksamkeit erwecken möchten. So entsteht eine Vielzahl von Wirkungen, die allesamt darauf abzielen, den neuen Namen einzuführen und aus ihm »eine Insel der Sinne in einem Ozean des Lärms« zu machen.

Mit Hilfe von angemessenen Investitionen in die Werbung wird man den Markennamen einführen können, den man anstrebt. Die Auswahl eines Markennamens, der durch seinen Sinn und seinen Klang große Auswirkungen verspricht, wird die Einführung der neuen Marke erleichtern. Um einer Marke eine starke Wirkung zu verleihen, muß man manchmal entgegen den eingefahrenen Gewohnheiten vorgehen. Dies könnte ein Ziel sein, welches sich der Kreative steckt. Dazu muß er sich zuvor die Regeln einiger Branchen bewußt machen. Beispielsweise sagen viele Namen im Lebensmittelsektor etwas über den Geschmack aus oder erwecken Geschmacksassoziationen (LEICHT & LOCKER, CHOCOS, BELFRUTTA, AACHENER PFLÜMLI usw.). Parfüme dagegen locken mit verführerischen Namen wie WOMAN PUR von JIL SANDER, DIVA von SENSO UNGARO, EXTASE von MUSK, OBSESSION von CALVIN KLEIN. Oder

sie setzen auf Exotik: FIDJI von GUY LAROCHE, CAŠMIR von CHO-
PARD, ROMA und VENEZIA von LAURA BIAGIOTTI. Demnach wäre
es für eine neue Marke nicht von Vorteil, diesen Trend zu übernehmen. Im
Gegenteil dürfte es viel interessanter sein, die Gewohnheiten umzukehren,
um mehr Aufmerksamkeit zu erwecken, wie CHANEL es tat mit EGOI-
STE. Allerdings können sich auch nicht alle Branchen so provokative Na-
men leisten wie die Parfümhersteller: zum Beispiel POISON (Gift) von DI-
OR oder OPIUM von YVES SAINT LAURENT.

Tatsächlich sehen sich die Namensschöpfer oftmals zwischen zwei entgegengesetzten Tendenzen hin- und hergerissen: entweder den vorherr-
schenden Regeln der Branche zu folgen oder diese Regeln umzustürzen,
um zu überraschen und aufzufallen.

Je vielschichtiger, rationaler und demokratischer die Entscheidungspro-
zesse verlaufen, um so schwieriger wird es anscheinend, Regeln zu durch-
brechen. Für ein junges, kleines Unternehmen ist es sehr viel leichter, eine
Ordnung umzustürzen, als für eine traditionsreiche Gruppe, die bedeutsam
und auf dem Markt bereits sehr gut eingeführt ist. Der Gründer des Unternehmens APPLE beschreibt dies folgendermaßen: Es ist leichter, den Namen APPLE auszuwählen als COMPUTEC oder HYPERCON, wenn
man ein Team von zwei jungen, von der Elektronik begeisterten Ingenieu-
ren bildet, die in einer Garage einen neuen Computer entwickeln, als wenn
man eine Struktur von mehreren tausend Angestellten repräsentiert.

Die Marke POISON von DIOR stellte ein wirkliches Ereignis dar, als sie
auf den Markt kam. OPIUM, das Eau de Toilette von YVES SAINT LAU-
RENT, rief unmittelbare Reaktionen in den Medien hervor, was zu seinem
Erfolg beitrug. Andererseits machte NO. 5 von CHANEL durch die ungewöhnliche Schlichtheit des Namens von sich reden. Einige Gegner von
derart ungewöhnlichen Namensgebungen bekräftigen, daß diese das Risiko
in sich bergen, sich nachteilig auf das Produktimage auszuwirken. Manche
Frauen beispielsweise weisen es weit von sich, sich mit POISON (Gift) zu
parfümieren. Dies mag zutreffen, ist aber nicht besonders wichtig, wenn
man bedenkt, daß es niemals eine Marketingstrategie sein kann, allen gefallen zu wollen. Viel besser ist es, einigen sehr gut zu gefallen. Das Ziel ist
nicht, hundert Prozent des Marktes zu erobern, und die Ablehnungsrate einer Marke ist bei einer erfolgreichen Entwicklung weniger wichtig als der
Grad der Zustimmung von den Verbrauchern, denen die Marke gefällt.

Im Gegensatz dazu existieren Bereiche, in denen die Praxis darin besteht,
einem dominanten Kode zu folgen: Zum Beispiel benutzen die Hersteller

von Reinigungsmitteln immer assoziative Namen, die auf ihre Aktivitäten anspielen. Man denke nur an Namen wie WEISSER RIESE, GENERAL und MEISTER PROPER als personifizierte Reinemacher. Zum Teil setzt man auf frei erfundene Namen wie ATA, OMO und VISS.

Es ist offenkundig, daß eine solche Namensgebung nicht dazu dienlich ist, eine Identifikation des Angebotes zu ermöglichen. Es ist sehr schwierig für ein Unternehmen, sich eine eigene Identität zu schaffen, wenn sein Name stark an den seines Mitbewerbers erinnert.

Vielleicht wäre es heutzutage also sinnvoller, einem Reinigungsmittelhersteller einen Namen wie SCHWUBDI oder KOALA zu verleihen. Man muß die Marketingverantwortlichen erst noch dazu bewegen, auf den Anspruch, »ganz seriös« wirken zu müssen, zu verzichten. Erste Beispiele sind FROSCH und WC-ENTE.

Trostlose Banalität herrscht auch in der Informatikbranche: Die Unternehmen oder Verbraucher treffen auf DATA GENERAL, DATALIFE, DATAPOINT, DATACOM und DATEXT, was natürlich zu einer vollkommenen Verwischung zwischen den Marken führt. So ist es nahezu unmöglich, einem Produkt über seinen Markennamen eine eigene Identität zu geben.

Das Syndrom der Einfallslosigkeit und der reinen Beschreibung sticht in ganz besonderem Maße im Bereich der Presse ins Auge. Gibt es gar einen bösen Fluch, der auf den Zeitungstiteln liegt? Besonders im Bereich der Frauenzeitschriften fällt auf, daß sich die Verleger anscheinend schon vor langer Zeit darauf geeinigt haben, daß diese erstens einen Frauennamen und zweitens möglichst einen, der zweisilbig auf A endet, haben müssen: ANNA, LAURA, ANJA, VERA, PETRA, TINA, LISA und Dutzende andere im ähnlichen Stil mögen dies belegen.

Die Originalität einer solchen Namenspolitik bewegt sich nicht gerade auf sehr hohem Niveau; zudem bringen solche Ähnlichkeiten oft juristische Auseinandersetzungen mit sich und sorgen darüber hinaus für eine unbeschreibliche Verwirrung, wie die Namen der folgenden Fernsehzeitschriften belegen: TV-MOVIE, TV-SPIELFILM, TV-SERIE, TV-TODAY, TV-HÖREN+SEHEN, TV-PROGRAMM, TV-PUR etc. Ähnliches gilt für die Musikzeitschriften: NEUE MUSIKZEITUNG, NEUE ZEITSCHRIFT FÜR MUSIK, MUSIC-LIFE, MUSIC SHOP, MUSIC EXPRESS etc.

In allen diesen Beispielen führt der Zeitungsname die Essenz des Namens (und der Marke) vor: eine schnelle Identifikation des Produktes. Summa summarum: Es ist nicht nur mutiger, sondern auch effektiver, sich

STERN, TITANIC oder TANGO zu nennen. Vergessen wir nicht, daß die Marken dieses Typs (assoziativ und nicht beschreibend) einen Nutzen aus einer gewissen Flexibilität wegen der Anspielungen auf ihren Inhalt ziehen.

2. Die Marke muß ihre Sphäre besetzen

Der Markenname soll dem Produkt oder der Dienstleistung, die er kennzeichnet, helfen, sich abzugrenzen und eine eigene Welt aufzubauen. Keine Regel ohne Ausnahme: Gewisse Strategien der Produktentwicklung setzen es sich zum Ziel, die Identität des Marktführers so getreu wie möglich zu imitieren. Im allgemeinen wird man jedoch versuchen, für das Produkt eine spezifische Identität, eine eigene Persönlichkeit, ein exklusives Umfeld zu schaffen.

Die Strategie des Nachahmens findet in der Terminologie der Marken ihren Ausdruck in den Markenimitationen. Diese haben ihre explizite Bestimmung darin, den Marken, denen man sich annähern – sprich: die man imitieren möchte – ähnlich zu sein, so zum Beispiel NUSSFIT als Konkurrent zu NUTELLA. Die Marken, die versuchen, sich abzugrenzen, sind eher selten: APPLE, SCENIC.

Abgesehen von diesen Ausnahmen ist der Markenname eines der wichtigsten Elemente, um dem Produkt zu seiner Identität zu verhelfen, ihm seine Persönlichkeit und seine eigene Aura zu verleihen.

Einige Marken folgen Markenkonzepten, durch die die Produktpersönlichkeit auf Anhieb definiert wird. Im Bereich der Parfümindustrie, in der der Marke eine besondere Wichtigkeit zukommt, transportieren Namen wie RIVE GAUCHE und EGOÏSTE den Charakter des Produktes und seiner Zielgruppe. Dies ist sicherlich eine gewagte Position, die auch Unannehmlichkeiten mit sich bringen kann.

Dennoch ist es unbestreitbar, daß – außer im speziellen Fall der Markenimitation – der Markenname ein Element des Marketing-Mix ist, das dazu beiträgt, ein Produkt abzugrenzen. Darüber hinaus sollte ein Hersteller ein eigenes semantisches und phonetisches Feld besetzen, wie zum Beispiel VW mit O-Klängen und Windnamen: GOLF, SCIROCCO, VENTO, POLO, CORRADO.

3. Die Marke darf das Produkt nicht einengen

Der Markenname muß dem Produkt erlauben, sich weiterzuentwickeln. Er muß von Anfang an möglichen Produktdiversifikationen Rechnung tragen und darf das Produkt weder auf eine Epoche noch auf einen geographischen Raum festlegen. Es ist an der Tagesordnung, daß Produkte sich weiterentwickeln, während ein Markenname nur sehr schwer veränderbar ist.

Marken sind Moden unterworfen. Zur Zeit florieren beispielsweise Begriffe wie LIGHT und BIO bei den Lebensmitteln, ULTRA und MEGA im Bereich der Waschmittel. Wenn diese Begriffe auch im Moment ihrer Entstehung Sympathie hervorrufen, so besteht doch das Risiko, daß diese sich nicht ausreichend mit den Produkten verändern können.

Zu dem Zeitpunkt einer Markenkreation muß man die geplante geographische Verbreitung sowie die Probleme, die damit einhergehen, in Betracht ziehen. Häufig geht der Namensgeber nur von seiner eigenen Kultur sowie von der seiner Familie und seines Teams aus. Er kann so nicht die Wirkung eines Namens in einem Land, dessen Sprache er nicht spricht und dessen Kultur er nicht kennt, abschätzen. Manchmal betrachten Unternehmer ganz einfach nur den deutschen Markt und kreieren so eine rein nationale Marke, deren Aussprache und Verständnis im Ausland schwierig ist. KIPFERL für ein Gebäck ist für den französischen Markt nicht sehr geeignet, weshalb der Hersteller BAHLSEN sie für Frankreich in CROISSANT DE LUNE umtaufen ließ (Foto S). Ein Mineralwasser von SINZIGER mit dem Namen PURISSA ist dagegen international gut einsetzbar.

Auch Namen, die ursprünglich nicht für Produkte gedacht waren, sondern für Zeichentrick-Kunst kreiert wurden, wirken besser, wenn sie weltweit gleich bleiben. Im Vergleich zur internationalen MICKEY MOUSE hatten es andere Zeichentrickhelden schwerer. Die niedlichen deutschen SCHLÜMPFE zum Beispiel sind für Ausländer unaussprechbar: In Frankreich heißen die kleinen blauen Wesen SCHTROUMPF, und in Spanien hat man sie LOS PITUFOS getauft.

Aber es gibt Schlimmeres: Nicht nur, daß ein Markenname im Ausland unverständlich und unaussprechbar sein kann, er kann auch sehr negative Assoziationen hervorrufen. Als der Turnschuhhersteller NIKE in ausländische Märkte investierte, bemerkte er, daß sein Name im arabischen Sprachraum eine obszöne Bedeutung hat. Ähnlich überrascht wurde TOYOTA, als es das Modell MR2 auf den französischen Markt lancierte – die Bezeichnung spricht man ähnlich wie das Schimpfwort »émmerdeur«, zu deutsch »kleiner Scheißer«, aus. Auch Bilder sind vor kulturellen Schwierigkeiten nicht gefeit, wenn die Werbetreibenden sich nicht gründlich mit der Kultur eines Landes auseinandersetzen. Ein Fabrikant, der den Albatros als Emblem wählte, mußte feststellen, daß dieser Vogel in Japan ein Symbol für Dummheit ist. Ein anderer Hersteller wollte im arabischen Sprachraum mit drei großen Fotos für seine Kopfschmerztablette werben: Der Mann hat Schmerzen, er nimmt die Tablette und auf dem dritten Foto lacht er wieder. Nur hatten die Betreiber nicht bedacht, daß Araber von rechts nach links lesen, so daß das Plakat wieder abgehängt wurde, denn es hatte genau die gegenteilige Wirkung – dem Mann wurde von der Tablette schlecht.

Auf dem Gebiet der sozialen Organisationen illustriert auch das ROTE KREUZ dieses Phänomen auf seine Weise: In arabischen Ländern wird der Name direkt mit Kreuzfahrern assoziiert, und so mußte diese Einrichtung ihren Namen und ihr Emblem in ROTER HALBMOND umändern.

Schwierigkeiten dieser Art sind nicht unüberwindbar. Im Laufe der Zeit können sich negative Assoziationen zu einem Namen verlieren: Dies ist eben die »Autonomie der Marke«. Wenn diese einmal »in Gang kommt«, nimmt der menschliche Geist nicht mehr primär die phonetische Nähe wahr, sondern erkennt den Namen als etwas Autonomes, das eng mit dem Produkt verbunden ist. Zum Beispiel ruft die gut eingeführte Marke OMO in Frankreich nicht direkt den Bezug zu Homosexualität hervor, trotz des offenkundigen Gleichklanges (in Frankreich wird bekanntlich das *H* nicht ausgesprochen, insofern rückt OMO in die Nähe von »Homo«). Nichtsdestoweniger stellen negative Assoziationen der eben zitierten Art im Moment der Produkteinführung ein großes Handicap dar. Das italienische Parfüm ROCKFORD beispielsweise hatte mit diesem Namen, der sprachlich dem des stark riechenden Käses ROQUEFORT gleicht, bei den französischen Frauen kaum eine Chance.

Die geographische Einschränkung entsteht manchmal durch den Namen eines Unternehmens. Der Name KÖLNISCH WASSER steht im Widerspruch zur internationalen Verbreitung, weshalb die Hersteller dann zum französischen EAU DE COLOGNE wechselten.

Die Exportfähigkeit eines Namens ist nicht nur eine Frage der Semantik, sondern auch des Rechtes. Ein Fabrikant, der exportieren möchte, kann gegebenenfalls in große Schwierigkeiten geraten, wenn er mit seinem Namen bestehende Rechte eines inländischen Produktes mit demselben oder einem ähnlichen Namen verletzt. So war auch das Parfüm OPIUM in Spanien zuerst verboten, da es nach Ansicht der Spanier beim

Parfüm gegen die Moral verstößt, eine Assoziation zum Drogenkonsum herzustellen.

Man sollte vermeiden, eine Marke durch eine zu stringente Definition ihrer Funktionen oder ihrer Positionierung einzuengen. Mit anderen Worten: Zu enge Grenzen im Produktumfeld können nur hinderlich sein.

Ein entscheidendes Kriterium für die richtige Wahl des Namens liegt auch darin, ob er für eine Mono- oder für eine Sortimentsmarke gewählt werden soll. Eine Monomarke wie NUTELLA, RAMA oder CHIQUITA soll die Positionierung bereits angeben. Eine Sortimentsmarke dagegen kann ein Grundversprechen (Produktversprechen) andeuten, das für alle Produkte des Sortiments passen soll. YOLALA könnte als Synonym für »aus Joghurt gemacht« stehen und fände für eine Vielzahl von Produkten Verwendung. PENATEN kann unter seinem Namen auch Shampoo anbieten, dies gilt jedoch nicht für CREMONA. SHAMPTU eignet sich nicht als Name für Haarfestiger, Gel oder Creme. SATINA hingegen verspricht Glätte, Zartheit und Geschmeidigkeit und paßt zu vielen Pflegeprodukten.

4. Die Marke soll andeuten

Ein Markenname sollte eher andeuten als beschreiben. Ein Käufer möchte nicht nur zweckgerichtet seine Produkte auswählen. Er wünscht sich Freiräume für seine Phantasie, damit er dem Alltag auch mal entfliehen und sich frei fühlen kann. Dies kann als das allgemeine Prinzip der Kommunikation betrachtet werden. Wenn eine Marke auf eine unumstößliche Weise die Qualität ihrer Produkte betont, kann dies sogar zum Widerspruch reizen. Sobald die Marke ihre Hochwertigkeit nur indirekt andeutet, wird auch der Widerspruch gemildert. Ein Eau de Toilette namens PLAYBOY wird wahrscheinlich eher zum Schmunzeln als zum Kaufen auffordern. Eine gute Marke wird dem Verbraucher nicht in aufdringlicher Weise ihre Qualität demonstrieren. Luxus, Premium oder ähnliches tragen meist Billigprodukte im Namen (LUX-Seife), selten Luxusgüter (BELUGA-Toilettenpapier). MONT BLANC deutet durch den Verweis auf einen hohen Berg die Hochwertigkeit des Produktes indirekt an.

5. Die Marke muß juristisch einwandfrei sein

Dieses Prinzip hat sich seit dem Beginn von Markenkreationen durchgesetzt. Es ist allerdings de facto eher die Ausnahme, bei der Kreation von Markennamen oder Firmenbezeichnungen auf einen juristisch vollkommen freien und somit verfügbaren Namen zu stoßen. In der Praxis trifft man in den meisten Fällen auf das Problem der Produktähnlichkeit und des ähnlich klingenden Namens, verbunden mit der Gefahr der Verletzung von Wettbewerbsregeln. Aus diesem letzten Grund wurde beispielsweise die Zeitschrift TV MORE binnen einer Woche nach Erscheinen in TV PUR umbenannt.

Die Annahme eines auf Anhieb vollkommen verfügbaren Namens wird wohl leider aufgrund der überfüllten Warenzeichenregister bloße Theorie bleiben. Dieses Szenario wird fast immer für sehr originelle und kreative Namen in ihrer jeweiligen Warenklasse reserviert bleiben. In allen anderen Fällen muß man sorgfältig ältere Rechte prüfen und sich über eine mögliche Koexistenz einigen. Der ungeduldige Wunsch, das neue Produkt möglichst schnell auf den Markt zu bringen, kann dazu verleiten, ältere Rechte zu übergehen und die Auseinandersetzung mit eventuellen Problemen auf später zu verschieben. Einige von den Herstellern gern bemühte Argumente bergen gewisse Gefahren in sich:

So viele identische Marken existieren bereits nebeneinander, eine mehr oder weniger wird doch da nichts ausmachen.

Sicherlich, es gibt keine Marke ohne Risiko, und es ist Aufgabe des Unternehmers, Einsatz und Risiken genau abzuwägen. Es dürfte klar sein, daß die Einigung über eine Koexistenz nach einer Produkteinführung sehr viel kostspieliger wird, als dies im Vorfeld der Fall gewesen wäre. Auch das Vorhandensein von zahlreichen identischen Marken bietet keine Garantie dafür, daß die x-te zusätzliche Marke noch gewinnbringend einsetzbar ist. Ganz im Gegenteil, ältere identische Marken können die neue jederzeit und dauerhaft angreifen. Mangelnde Aktivitäten von Titelinhabern haben keine Auswirkung auf deren verbrieftes Recht, auf dessen Durchsetzung sie im Zweifelsfall nicht verzichten werden.

Bestehende, ältere Marken gehören ganz kleinen Gesellschaften…die können wir doch ganz leicht überzeugen.

Kleinere Unternehmen haben nicht zwangsläufig geringere Ansprüche als die großen. Meistens ist sogar das Gegenteil der Fall.

Natürlich haben diese beiden Marken eine Ähnlichkeit...wir werden aber ganz leicht beweisen, daß sie nicht verwechselbar sind.

Der Laie im Warenzeichenrecht ist – was die Ähnlichkeit von zwei Namen angeht – oftmals viel nachsichtiger als die Anwälte. Es ist also unabdingbar, sich Juristen anzuvertrauen, die sich nicht nur mit Markenschutz, sondern auch mit semantischen, wirtschaftlichen und strategischen Aspekten auskennen.

Wenn Verhandlungen über einen Markennamen vor der Produkteinführung stattfinden, ist es – im schlimmsten aller Fälle – immer noch möglich, auf den Namen zu verzichten, falls keine Einigung erzielt werden kann. Diese Erfahrung mußte Anfang 1995 auch der Heinrich-Bauer-Verlag machen. Die schon eingeführte Zeitschrift ANJA mußte auf Druck des Konkurrenten BURDA, der Verwechslungsgefahr mit der hauseigenen Handarbeitszeitschrift ANNA befürchtete, in LAURA umbenannt werden (Foto T). Ein solcher Schritt ist besonders dann sehr schwierig, wenn bereits in die Werbung für das neue Produkt investiert wurde. Dennoch passiert es immer wieder, daß große Marken als Folge von unüberwindlichen, juristischen Problemen ganz plötzlich vom Markt verschwinden. Das rechtzeitige Freikaufen einer Marke, wie wir sie empfehlen, bringt natürlich einen gewissen zeitlichen Verzug mit sich, dem die Dringlichkeit der Produkteinführung gegenübersteht. Eine Verhandlung unter Zeitdruck zu führen, kann nie gut sein. Demnach ist es bei der Planung der Produktlancierung unbedingt nötig, eine gewisse Zeitspanne für die Entwicklung und Eintragung der Marke einzuräumen. Diese wird – je nach Produkt und Einsatzgebiet (Deutschland, Europa, weltweit) – unterschiedlich lang ausfallen. Im Normalfall muß man für diesen Prozeß ein Jahr oder gar länger einkalkulieren.

Einen möglichen Zeitverzug einzuplanen ist um so wichtiger, weil in einigen Ländern noch lange nach der Anmeldung der Marke Einwände von offizieller Seite ihre Einführung behindern können.

Schlußfolgernd läßt sich also festhalten, daß es heutzutage nicht sinnvoll sein kann, in eine Marke zu investieren, ohne im Vorfeld überprüft zu haben, ob sie zumindest so lange fortbestehen kann, bis sich ihre Investitionskosten amortisiert haben.

Folgender Markenname hat also zusammenfassend die größten Chancen, sich bei einer Neueinführung schnell durchzusetzen:

Er ist auffallend, originell für den Bereich, zeitlich und geographisch ungebunden, suggerierend und juristisch unanfechtbar. Er wird effizient zum

Erfolg des Produktes beitragen. Ein starker Markenname in diesem Sinne vermindert den sonst notwendigen Kommunikationsaufwand. Er trägt zum schnelleren return on investment bei.

Anmerkung zu Seite 103: In einer Studie über das Image des Lebensmittelherstellers HEINZ stellte sich z.B. heraus, daß mit der Marke HEINZ Qualität, Hochwertigkeit und eine große Verbraucherakzeptanz verbunden wurden. Vom HEINZ-Logo profitierten die einzelnen Marken beim Verkauf, so daß der gute Name auch bei neuen Produktserien auf jeden Fall immer mit vermarktet werden sollte (Foto W).

6. Der Verbraucher und die Marke

Bei Vermarktung eines Produktes muß in jedem Fall bedacht werden, wie der Verbraucher die Marke annehmen wird. Dabei kann man von drei verschiedenen Phänomenen ausgehen:

- Der Verbraucher baut zu den Marken, die ihn umgeben, eine Beziehung auf, die von Offenheit, Treue und Sensibilität geprägt ist.
- Der Verbraucher erstellt für sich eine virtuelle Repräsentation von jeder Marke bzw. ihrem Image und Umfeld.
- Der »sprachwidrige« Gebrauch eines Markennamens, der viele Gründe haben kann, endet manchmal mit dessen Aufnahme in den Wortschatz (Lexikalisierung), so daß die Marke fortan wie ein Wort aus dem Wortschatz benutzt wird.

Im folgenden werden die verschiedenen Arten der Markenwahrnehmung durch den Verbraucher vorgestellt und analysiert.

Die Funktionen der Marke für den Verbraucher

Es gibt sechs wesentliche Funktionen der Marke für den Verbraucher:

- die Wiedererkennung,
- die Garantie,
- die Identität,
- die Personalisierung,
- die spielerische Funktion,
- die unterscheidende Funktion.

Die Wiedererkennung

Die erste Funktion der Marke ist die der Identifizierung und des sofortigen
Wiedererkennens im Regal oder in einem Katalog, also in der Kaufsituation. Ein Verbraucher, der mit seinem Kauf zufrieden war, wird die Marke
nicht wechseln wollen. Die verschiedenen Zeichen (vgl. Kapitel 2), aus denen eine Marke besteht (Logo, Emblem, Farben, Formen), dienen dazu, sie
wiedererkennbar zu machen.

Der Markenname spielt eine ganz besondere Rolle, insbesondere, wenn
wir bedenken, daß er auch in Verkaufsformen, in denen das Produkt nicht
sichtbar ist, von großer Bedeutung ist: z.B. in einigen Formen des Fernseh-
verkaufes (Betrachtung des Angebotes und anschließender Kauf per Telefon), in der Radiowerbung, in der mündlichen Weiterempfehlung und im
Telefonverkauf.

Die Garantie

Für einige Verbraucher – und für einige Produkte – ist die Marke ein Synonym für beste Qualität (Niveau, gleichbleibende Qualität, Funktionssicher-
heit), wenn sie zum Kreis der »großen Marken« gehört. »Da weiß ich, was
ich habe.« Der Verbraucher hat in der Tat spontanes Vertrauen zu einer bekannten Marke. Einem solchen Bekanntheitsgrad darf kein negatives Image
anhaften, da die Marke ansonsten Zweifel und Mißtrauen im öffentlichen
Bewußtsein hervorruft. Um ihre Garantiefunktion in vollem Maße erfüllen
zu können, muß die Marke mit großer Bekanntheit und einem hochwertigen Image assoziiert werden: So kann sie den Status einer »großen Marke«
im Verbraucherbewußtsein erhalten und nutzen. Um diesen Status zu erreichen, muß man permanent Innovationen einführen und den hohen Qua-
litätsstandard beibehalten.

Die Absendermarke erfüllt in hohem Maße die Garantiefunktion des
Produktes und schützt den Verbraucher so vor seiner eigenen Unsicherheit.

Die Identität

Die Marke, die viele Attribute auf sich vereinigt, transportiert eine Gesamtheit von Zeichen und Symbolen. Letztere sind auf die spezifische Gestal-

tung der Produktattribute zurückzuführen. Die Marke präsentiert also die Charakteristika des Angebotes. Je nach Wunsch des Herstellers kann der spezifische Charakter einer Marke und ihrer Attribute folgendes betreffen:

- ein bestimmtes Produkt (Produktmarke, Brandukt),
- eine Produktlinie (Linienbezeichnung),
- eine Produktpalette (Absendermarke),
- eine heterogene Zusammenstellung von Produkten (Sortimentsmarke).

Die Personalisierung

Der Kauf einer Marke durch eine Person hat häufig eine psychologische und soziale Komponente. Die Wahl einer bestimmten Marke kann in der Tat die Persönlichkeit des Verbrauchers bestätigen. Jede soziale Schicht definiert ihre Normen. Die Marke hat hier die Rolle eines Symbols, eines Totems und seiner Tabus. Die Luxusmarke erfüllt die Funktion der Personalisierung im besonderen Maße. Verbraucher möchten sich mit ihren Marken identifizieren und sich auch von anderen abgrenzen. Wie oft erleben wir in einer Männerrunde eine rege Diskussion über Automarken. Der eine fährt schon immer nur MERCEDES, für den anderen steht FORD an erster Stelle, und für den dritten hat nur BMW das Image, das er auch auf seine Persönlichkeit übertragen möchte. Und will er sich nun ganz und gar absetzen, fährt er einen JAGUAR. Sei es auch nur deshalb, weil diese Marke auf deutschen Straßen nicht so häufig vertreten ist wie die heimischen Modelle.

Die spielerische Funktion

Das Nebeneinander verschiedener Marken am gleichen Verkaufsort (oder in demselben Katalog) hat eine spielerische Komponente für den Verbraucher, der Freude daran hat, aus den verschiedenen Marken seine auszuwählen. Es kommt seinem Bedürfnis nach Abwechslung entgegen. Die Verschiedenheit der Marken sowie die Bandbreite der Entscheidungsmöglichkeiten führt zu einer gewissen Befriedigung, die aufregend ist, wenn eine große Auswahl besteht, und uninteressant ist, wenn nur ein oder zwei Marken zur Auswahl stehen. Die spielerische Funktion variiert von Produkt zu Produkt und von Verbraucher zu Verbraucher.

Die spielerische Funktion kann auch durch eine Marke, die für ihre Produkte eine Animations- und Stimulationsquelle darstellt, in die Tat umgesetzt werden. Dies kann beispielsweise durch den Einsatz imaginärer Personen erreicht werden. Beispiele: Clementine von ARIEL; Frau O'Lacys, die Handelsmarke von REWE.

Die unterscheidende Funktion

Die Marke hat eine unterscheidende Funktion für den Verbraucher, da sie das einzige Mittel zur Differenzierung von Produkten ist, die sich in Zusammensetzung, Form, Farbe usw. ähneln. Dies ist bei den sogenannten undurchschaubaren Produkten, wie z.B. bei Matratzen, Sekt, Waschpulver oder Spülmitteln der Fall. Wenn das Produkt dagegen durch sehr offensichtliche Merkmale gekennzeichnet ist, erkennt es der Verbraucher, ohne die Marke zu betrachten. Wenn ähnliche Produkte eine auffällige Aufmachung besitzen, wie etwa einige Getränke, erfüllt der Markenname ebenfalls eine unterscheidende Funktion.

Die verschiedenen Funktionen der Marke werden minimiert, wenn diese nur wenig Einfluß auf die Kaufentscheidung haben. Dies gilt insbesondere in folgenden Fällen:

- Der Verbraucher wird durch den Preisvergleich beeinflußt.
- Er denkt, daß alle Produkte ähnlich sind und »Marken« lediglich zu einem höheren Preis führen.
- Die Marke transportiert keinerlei Information (eine rein beschreibende Marke).

Die Bekanntheit der Marke

Die Markenbekanntheit wird als Begriff bereits seit geraumer Zeit im Marketing verwendet, wo diese Kategorie eines der ältesten Konzepte darstellt. Gemeint ist damit, genauer gesagt, der Bekanntheitsgrad einer Marke bei den Verbrauchern. Sie drückt sich durch die quantitative Präsenz der Marke (oder Dienstleistung) im Bewußtsein des einzelnen aus. Die Bekanntheit wird also gemessen und durch eine Art Punktesystem wiedergegeben: die

Bekanntheitsquote. So spricht man von spontaner oder ungestützter Bekanntheit, wenn eine Marke aus dem Gedächtnis und ohne Hilfe von außen zitiert werden kann: »Welche Joghurtmarken kennen Sie vom Namen her?« Das *top of mind* (oder das Hervorstechende) bezeichnet dann die zuerst genannte Marke.

Die unterstützte Bekanntheit meint dagegen eine Kategorie, bei der ein Kandidat auf einer Liste die ihm bekannten Marken kennzeichnen soll: »Bitte kennzeichnen Sie die Joghurtmarken, die Ihnen vom Namen her bekannt sind.«

Dieselbe Marke verfügt in der Realität über verschiedene Bekanntheitsgrade: z.B. über eine ungestützte Bekanntheit von 30 Prozent, 10 Prozent nennen die Marke als top of mind, und 60 Prozent geben ihr eine unterstützte Bekanntheit.

Die Markenbekanntheit läßt sich auch durch einen Vergleich mit anderen Marken schätzen. Es ist allerdings schwierig, anhand von gegebenen Zahlen zu entscheiden, ob die Quote gut oder schlecht ist. Von daher ist es nützlich, wenn der jeweilige Bekanntheitsgrad mit dem der Konkurrenzmarken verglichen wird, um so die jeweilige Bekanntheitsquote in der Zielgruppe festzustellen. Außerdem erscheint es sinnvoll, die Entwicklung der verschiedenen Bekanntheitsgrade zu verfolgen, um so die Effekte der Marketingmaßnahmen, die die Bekanntheit beeinflussen, abschätzen zu können.

Wie dem auch sei, es ist in jedem Fall günstig, folgendes zu beachten:

• Ein hoher, ungestützter Bekanntheitsgrad zeichnet sich durch gute Kenntnisse der Marke oder ihrer Produkte aus.
• Ein niedriger, unterstützter Bekanntheitsgrad ist ein Zeichen für mangelnde Promotion-Aktivitäten oder den Mißerfolg einer Marke.

Die Markentreue

Die Markentreue zeigt sich in der Form des wiederholten Kaufes. Sie ist der bestimmende Faktor. Dieses Konzept ist nicht neu. Industrielle und Händler haben sich immer schon um Kundentreue bemüht (loyalty). Auch wenn das Konzept klar ist, so kann es doch auf verschiedene Weise angegangen werden. Man kann dabei zwei Ansätze unterscheiden: Der eine beruht auf der Analyse des Kaufverhaltens, der andere auf der Analyse der Einstellung zu einer konkreten Marke.

Die verhaltensbezogene Messung der Treue

Die bekanntesten verhaltensbezogenen Messungsmethoden der Treue sind
sicherlich die Typologie von G. Brown und die Kettenmethode von Markov.

1952 führte G. Brown eine Studie durch, bei der der Autor vier Verhaltensmuster benennt, die durch die in Abbildung 18 gezeigten Treuelinien
charakterisiert sind.

Die zweite Methode, die sogenannte Kettenmethode von Markov, erlaubt eine Einschätzung der Treue anhand der Analyse des wiederholten
Kaufes der Marke und aufgrund der Wechsel von Marke zu Marke über einen bestimmten Zeitraum hinweg. Mit Hilfe dieser Methode können unter
bestimmten Voraussetzungen vorausschauende Modelle über den künftigen
Kauf von Marken entwickelt werden.

Andere Untersuchungen beschäftigen sich auch mit den Indizien zum
Treueverhalten von Verbrauchern. Alle gehen dabei von einer beobachteten,
unabsichtlichen Treue aus. Es handelt sich dabei aber eher um eine Treue
gegenüber dem Produkt, weniger gegenüber der Marke. Der Verbraucher,

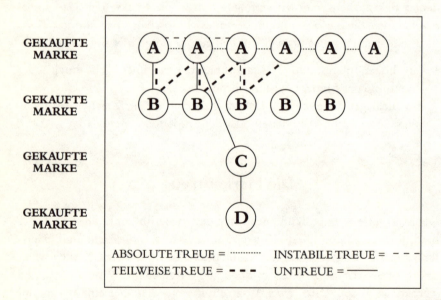

Abbildung 18: Markentreue
Quelle: NOMEN International Deutschland GmbH, Düsseldorf

der wiederholt dieselbe Marke kauft, tut dies also aus anderen Gründen als aus reiner Markentreue. Er bevorzugt vielleicht die preiswerteste Marke. Oder aber er kauft die einzige, sichtbar präsentierte Marke am gewohnten Verkaufsort (Situation des passiven Einkaufes), läßt sich von der Macht der Gewohnheit (»Trägheit«) leiten und scheut die mit einem Markenwechsel verbundenen Risiken.

Die Einstellung zu einer konkreten Marke

J. Jacoby und R. W. Chesnut nennen zwölf Meßmöglichkeiten, die die persönliche Einstellung zur Markentreue berücksichtigen. Sie messen dabei die Markenfixierung, indem sie dem Interviewpartner folgende Hindernisse vorgeben:

- Der Preis der Marke steigt.
- Der Preisunterschied zu Konkurrenzprodukten wird akzentuiert.
- Die Marke wird am gewohnten Einkaufsort nicht mehr angeboten.

Man fragt den Interviewpartner nach seiner Reaktion. Die Antworten lassen einen Rückschluß auf den Grad der Markentreue zu:

- Ich kaufe immer dieselbe Marke, unabhängig vom Preisunterschied zu anderen Marken.
- Ich gehe in ein anderes Geschäft, um die Marke dort zu kaufen.
- Ich warte, bis die Marke wieder in meinem gewohnten Geschäft zu haben ist.

Es ging aber auch hier eher darum, eine unbewußte Treue abzuschätzen. Denn das beobachtete Verhalten ist nicht immer mit den geäußerten Absichten stimmig.

Dies führte zur Entwicklung einer kombinierten Methode, die verhaltensbezogene Ansätze und die persönliche Einstellung gleichermaßen berücksichtigt. Diese Meßmethode trägt beiden vorab beschriebenen Modellen Rechnung.

Die Markensensibilität

Das Fundament der Marke bildet nicht die Anzahl der treuen Käufer, sondern die Anzahl der sensiblen Käufer. In derselben Kaufsituation entscheiden sich einige Käufer prinzipiell für ein bestimmtes Markenprodukt, während andere dies nicht oder nur wenig berücksichtigen.

Treue und Sensibilität gegenüber der Marke sind zwei komplementäre Konzepte. Während die Treue Gegenstand von vielen Arbeiten und Veröffentlichungen ist, sind die Recherchen bezüglich der Sensibilität weniger umfangreich.

Die folgenden Aspekte sind den Arbeiten von Kapferer entnommen, dem grundlegende Ergebnisse auf diesem Gebiet zu verdanken sind. Hiernach ist die Markensensibilität eine individuelle, psychologische Variable und erklärt sich durch die jeweilige Kaufsituation für den Käufer (insbesondere seine persönliche Bindung an das Produkt) und die Funktionen, die die Marken erfüllen.

In seinen Untersuchungen hebt Kapferer hervor, daß es weniger eine allgemeine Markensensibilität für ein Individuum gibt, sondern eher eine Sensibilität für bestimmte Produktkategorien. Die Sensibilität gegenüber bestimmten Marken wird von verschiedenen Faktoren bestimmt. Die wichtigsten sind:

- die Kaufmotivation des Verbrauchers: Je mehr er Qualität schätzt, desto sensibler ist er für Marken;
- der Glaube an die Unterschiede zwischen den Marken: Je mehr Unterschiede wahrgenommen werden, desto stärker ist die Sensibilität;
- das Gefühl, etwas von der Auswahl zu verstehen.

Wenn auch die Sensibilität nicht mit dem Verhaltensmuster der Markentreue verwechselt werden sollte, so gibt es dennoch eine Verbindung zwischen diesen beiden Phänomenen: Wenn die Sensibilität stark ist, so ist auch die Treue für eine oder mehrere Marken um so wahrscheinlicher. Vier mögliche Situationen sind:

- Starke Treue, starke Sensibilität: Die beabsichtigte Treue stützt sich auf eine starke Sensibilität für Marken.
- Starke Treue, schwache Sensibilität: Die Treue basiert weniger auf einer tatsächlichen Anbindung an die Marke, sondern vielmehr auf Konsumgewohnheiten oder passiven Kaufsituationen.

- Schwache Treue, schwache Sensibilität: ein logisches Verhalten von »Untreue«, welches auf einer nicht vorhandenen Sensibilität beruht.
- Schwache Treue, starke Sensibilität: Der Käufer mißt der Marke eine gewisse Bedeutung zu, greift aber auf verschiedene Marken zurück.

Durch eine Vorliebe der Konsumenten für große bekannte Marken ist die Sensibilität für Marken auch ein wichtiger Faktor im Verhältnis zwischen Hersteller und Händler geworden. Tatsächlich können sich Handelsmarken nur in den Bereichen gut behaupten, in denen das Markenbewußtsein gering ist.

In einer Strategie der Desensibilisierung bieten Händler häufiger Gegenmarken an, die Markenartikel imitieren (ähnlicher Name, Schriftbild oder Verpackung), um den Verbraucher so von Produkten mit geringer Anbindung abzuwerben. Zum anderen läßt man den Handelsmarken im Vergleich zu den Markenartikeln privilegierte Regalmeter zukommen (Länge der Regalmeter, Höhe der Präsentation, zentrale Plazierung von Wühltischen) und betont die Preisunterschiede.

Die Wahrnehmung der Marke

Für den Verbraucher reduziert sich die Marke – insbesondere auch der Markenname – nicht auf die Produktidentität oder die Gesamtheit von Produkten. Marke und Markenname sind vielmehr Träger von Werten und Glaubwürdigkeit, die man üblicherweise mit dem Wort »Markenimage« beschreibt.

Wie kann man den Begriff des Markenimages definieren? Welches sind die wichtigsten Bewertungsmaßstäbe?

Das Markenimage

Das Image ist die Gesamtheit der mentalen Repräsentation, der Glaubwürdigkeit oder der Kenntnisse, die man mit einem Objekt (Stadt, Land, Organisation, Mensch, Marke) verbindet.

Eine gewisse Strenge bei der Anwendung des Begriffes kann Verwirrung bezüglich des Diskussionsgegenstandes vermeiden. Das trifft besonders in den Fällen zu, in denen der Unternehmensname ein Homonym zum Produktnamen oder einer Produktreihe darstellt. Wenn wir also vom NEST-LÉ- Image reden, reden wir dann vom Unternehmen NESTLÉ oder von der Marke NESTLÉ? Im ersten Fall wäre es eine Institution, ein soziales und wirtschaftliches Gefüge. Im zweiten Fall wäre es die Wahrnehmung der eigentlichen Marke mit ihren verschiedenen Komponenten.

Es ist klar, daß eine solche Unterscheidung im Falle einer Produktmarke leichter fällt (Beispiel: das Image der Marke NUTELLA) als im Falle einer Dachmarke oder Herstellermarke, die man mit dem Unternehmensnamen verwechselt (Beispiel: das Image der Marke DANONE; Foto U).

Es ist also notwendig, das Unternehmen von der Marke – auch wenn eine Homonymie besteht – abzugrenzen, denn beide sind hinsichtlich ihrer Natur, Legitimität und Bestimmung zwei unterschiedliche Gebilde.

Bestandteile des Images

Das Image einer Marke kann nicht im absoluten Sinn als gut oder schlecht bezeichnet werden. Im folgenden werden die Analyseergebnisse mit dem Image, das man vor den Verbrauchern aufbauen möchte, verglichen. Dabei werden bewußt Werturteile vermieden und die verschiedenen Aspekte eines Images berücksichtigt. Die positiven und negativen Punkte eines Images sollen auf den Verbraucher bezogen werden.

Hierbei kann man fünf Bestandteile des Images unterscheiden:

- Die Nähe des Images: Das Image liegt um so näher, wenn der Verbraucher spontan bestimmte Assoziationen mit der Marke verbindet.
- Die Klarheit des Images: Die Präzision, mit der ein Verbraucher sich eine Marke vergegenwärtigt und sich auf sie bezieht, ruft bestimmte Produktkategorien und einen bestimmten Ursprung hervor.
- Die Charakteristik bzw. die Achsen des Images: Dies sind die signifikantesten Attribute, anhand derer der Verbraucher das Produkt bewertet.
- Die Vielfältigkeit (oder der Reichtum) des Images: Diese entspricht der Anzahl der markanten Achsen, mit deren Hilfe der Verbraucher die Marke einordnet.
- Der Wert des Images: Er läßt sich anhand des Platzes, den die Marke auf den Achsen innehat, feststellen.

Die Bewertung des Images

Die Charakteristik, die Vielfältigkeit und der Wert des Images entstehen im wesentlichen aufgrund seines Gehaltes (das, was man die Markenpersönlichkeit nennen könnte), den man mit Hilfe verschiedener Stufen der persönlichen Einstellung abschätzen kann. Die gebräuchlichste Methode zur Bestimmung der Markenpersönlichkeit ist wohl die semantische Differenzierung. Sie beruht auf der Gegenüberstellung von entgegengesetzten Adjektiven (Antonymen), die durch sieben Abstufungen getrennt sind und von denen die Befragten eine markieren müssen.

Das erstellte semantische Profil ermöglicht es, die Persönlichkeit der Marke mit den Einstellungen gegenüber den Konkurrenzmarken zu vergleichen und die Entwicklung der Marke im Verlauf der Zeit zu verfolgen.

Die Abstufung der »smiling faces« ist eine bildliche Form der semantischen Abstufung. Jeder Punkt der Abstufungen wird durch ein mehr oder weniger lächelndes Bild symbolisiert, das ein sofortiges Verständnis ermöglicht. Diese Methode eignet sich besonders gut für Kinder oder für Personen, die Schwierigkeiten mit dem Lesen oder dem Verständnis der Fragen haben (alte Menschen, Ausländer,...).

Die Umsetzung dieser Methode basiert auf verschiedenen Schritten:

• Auswahl von Konzepten (Namen), die bewertet werden sollen;
• Anführen der Assoziationen (Adjektive), die die Konzepte hervorrufen;
• Reduzierung der Assoziationen auf eine limitierte Anzahl von markanten und unabhängigen Abstufungen.

Der Fragebogen muß einer repräsentativen Bevölkerungsgruppe vorgelegt werden, um von den Ergebnissen auf einen Mittelwert schließen zu können und die Repräsentation des Markenumfeldes der Konkurrenz herausarbeiten zu können.

Auch eine andere Technik der Bewertung der Markenpersönlichkeit, bekannt unter dem Namen »relative Abstufungen«, wird häufig benutzt. Sie besteht darin, Verbrauchermeinungen zu einer bestimmten Anzahl von relativen Aussagen über die Marke nach folgendem Typus zu sammeln:

• vollkommen zutreffend,
• überwiegend zutreffend,
• weder zutreffend noch unzutreffend,
• überwiegend unzutreffend,
• vollkommen unzutreffend.

Die Schwierigkeit bei der Anwendung der relativen Abstufungstests zur Bestimmung des Markenimages besteht in der Auswahl der Attribute und Fragen, die man in den Fragebogen aufnimmt. Sie werden im allgemeinen durch qualitative Gruppendiskussionen festgelegt.

Das Markenumfeld

Der Begriff des Markenumfeldes wird zwar häufig benutzt, ist aber hinsichtlich seiner Definition und Bewertung noch viel unpräziser als der des Images: Der markante Markenname belegt ein semantisches Feld, das sich auf das Produkt umsetzen läßt. Man kann das Markenumfeld als Referenzfeld in der Vorstellung der Verbraucher definieren. Es kann unter drei verschiedenen Gesichtspunkten betrachtet werden: Umfang, Glaubwürdigkeit, juristischer Schutz.

Der Umfang des Umfeldes

Der Umfang des Umfeldes entspricht der Gesamtheit der Produkte oder Aktivitäten, die der Verbraucher spontan mit einer Marke assoziiert: »Welches sind Ihrer Meinung nach die Produkte, die unter der Marke X verkauft werden oder verkauft werden könnten?« Oder suggestiver: »Welches der folgenden Produkte wird unter der Marke X verkauft oder könnte unter ihr verkauft werden?« Wäre zum Beispiel die Marke HIPP glaubwürdig, wenn sie Menüs für Jugendliche herstellen würde? Wie reagiert ein Mann, wenn er sich mit PALMOLIVE-Rasierschaum einseifen soll und die gleiche Marke dann beim Abwaschen als Spülmittel wiederfindet?

Das Umfeld der Glaubwürdigkeit

Das Umfeld der Glaubwürdigkeit einer Marke korrespondiert mit seinem Image. Wenn eine Marke zum Beispiel traditionell mit Produkten für Männer assoziiert wird, ist es schwierig, unter derselben Marke Produkte für Frauen zu vertreiben, auch wenn diese innovativ sind. So könnte BOSS zur Zeit jedenfalls nicht ohne einen Verlust der Glaubwürdigkeit in die Damenmode einsteigen. Ein solches Mißgeschick unterlief der Firma GILLETTE, als sie ein Antitranspirant mit dem Namen SPRAY DRY auf den Markt brachte, denn die Marke GILLETTE besitzt wie BOSS ein typisch männliches Image (Markenumfeld = Männer).

Das Umfeld des juristischen Schutzes

Das Umfeld des juristischen Schutzes beinhaltet die Liste der Produkte, für die die Marke juristisch geschützt ist, und das Territorium (die Gesamtheit der Länder), in dem die Marke juristisch geschützt ist.

Das Konzept des Umfeldes – die werbende Vision der Marke und ihres Images – bedeutet für die Firma im Bereich des Marketing, daß sie nicht nur ihr Markenimage, sondern auch ihr Umfeld und die Möglichkeiten für künftige Strategien kennen muß.

Einige mächtige und bekannte Marken schaffen es, aus ihrem Umfeld herauszutreten und sich mit anderen Marken zu verbinden, denen sie ihr Image übertragen. Diese Praxis ist in der Automobilindustrie sehr geläufig, in der sich ein spezielles Image mit einer bestimmten, limitierten Serie verbindet, z.B. JEEP – WRANGLER oder AUTOBIANCHI – FILA.

Die Lexikalisierung des Markennamens

Die Funktionen der Marke sind vielfältig; der Markenname jedoch erlaubt, die Produkte und Dienstleistungen unterscheidbar zu machen (im Vergleich zur Konkurrenz), ihre Herkunft aufzuzeigen und die Qualität der Güter und Dienstleistungen durch die Signatur des Herstellers zu garantieren.

Aus verschiedenen Gründen ist es sehr wichtig, zu vermeiden, daß ein Markenname zum generischen Begriff wird, d.h., daß er als Name für einen bestimmten Produkttyp (den eigenen und dem der Mitbewerber) verwandt und zum allgemeinen Namen wird. TEMPO von SCHICKEDANZ wird z.B. allgemein für Papiertaschentücher benutzt, gleichgültig, wie die Marke lautet.

Dieser Name ist nicht mehr unterscheidend, da er Papiertaschentücher im allgemeinen bezeichnet (TEMPO und seine Mitbewerber) und keine präzise Herkunft des Produktes anzeigt (da es mehrere Hersteller gibt). Deshalb kann er kein Garant für Qualität sein (da es verschiedene Produkte von unterschiedlicher Qualität gibt). Das Produkt verliert Teile seiner Identität, da die Marke zum generischen Begriff wurde.

Der Gebrauch des Markennamens ist für den Verbraucher manchmal sehr bequem, vor allem, wenn der Markenname direkt mit einem Produkt assoziiert wird und einfacher zu gebrauchen ist als die Produktbezeichnung. Es ist geläufig, TESA statt Klebeband oder TEMPO statt Papiertaschentuch zu sagen.

Die Beispiele von solchen »generischen« Marken sind vielfältig: KLEENEX, TESA, TEMPO, UHU, RAMA, NYLON, VASELINE, FOEN, EINWECKGLAS etc. Die Liste ist lang und gespickt mit bekannten Beispielen.

Was zunächst wie eine schmeichelnde Bestätigung erscheint, ist tatsächlich ein Verlust an Souveränität und ein Verlust auf juristischer Ebene. Es gibt drei Stadien der Lexikalisierung von Markennamen:

1. Zunächst die Personalisierung des Namens: Die Marke wird wie ein Name benutzt (ein Renault, eine Camel, ein Montblanc).
2. Darauf folgt die Banalisierung: Der Name wird benutzt, um einen Produkttyp zu beschreiben, wie bei TEMPO für Papiertaschentücher. Die Lexikalisierung entspricht dann dem Gebrauch der Marke, um eine Produktkategorie zu bezeichnen. Sie wird mit einem Eintrag ins Wörterbuch zum Teil ohne Verweis auf ihren Ursprung umgesetzt. So finden wir unter NYLON und VASELINE zwar Produktbeschreibungen, doch keinen Hinweis darauf, daß diese Produkte als Marken von einem Hersteller registriert und bekannt wurden.
3. Die oberste Stufe der Banalisierung wird erreicht, wenn der Markenname als Verb verwendet wird: sich die Haare *fönen* (aber nicht immer mit dem FÖN von AEG), und Früchte *einwecken* (das dürfte dann nur im Original EINWECKGLAS geschehen).

Der Übergang einer Marke in den allgemeinen Sprachgebrauch hat neben den juristischen Nachteilen auch noch andere störende Begleiterscheinungen. Die Marke wird benutzt, um ein Produkt zu benennen, und meint dabei auch das der Mitbewerber (und dies ist noch nicht einmal das Paradoxeste), die dann von den Werbeanstrengungen und der Bekanntheit der Marke profitieren. Der Umfang und die Glaubwürdigkeit des Markenumfeldes werden beträchtlich reduziert. Eine Marke wie TEMPO danach noch auf andere Produkte auszuweiten, bedarf konsequenter Promotion.

Dennoch ist es relativ einfach, eine Marke vor generischer Verselbständigung zu schützen. Es lassen sich sieben Regeln aufstellen, die man für den Schutz der Marke beachten sollte.

Regel 1: Der Markenname sollte immer von der generischen Bezeichnung des Produktes begleitet werden, die man auch kreieren kann, falls sie noch nicht existiert. Niemals sagen: die Qualität eines Föns; statt dessen: die Qualität eines Haartrockners, der FÖN von AEG.

Regel 2: Der Markenname muß sich von dem Text in seinem Umfeld und überall, wo er erscheint, abheben. Niemals schreiben: das neueste Modell von Mercedes-Benz; statt dessen: das neueste Modell von MERCEDES-BENZ.

Regel 3: Machen sie nie ein Verb aus einem Markennamen. Niemals sagen: einwecken; statt dessen: Obst verarbeiten mit dem EINWECK-Glas.

Regel 4: Ein Markenname darf nicht im Plural benutzt werden. Niemals sagen: Die Produktlinie der STABILOS; statt dessen: Die Produktlinie der Highlights von STABILO.

Regel 5: Überall, wo der Name erscheint, muß dieselbe Schriftart, dasselbe Logo und Emblem benutzt werden.

Regel 6: Weisen Sie gegebenenfalls deutlich sichtbar darauf hin, daß der Name eingetragen und geschützt ist, und setzen Sie das internationale Symbol ® neben den Markennamen; z. B.: COCA-COLA ®. Oder präzisieren Sie den Namen des Herstellers auf folgende Weise: FANTA ist eine eingetragene Marke der COCA-COLA-Company.

Regel 7: Ändern Sie niemals die Orthographie eines gut eingeführten Markennamens.

Ein Tag im Leben der markenbewußten Gen-Erika …

6 Uhr morgens, der Wecker rasselt, und Gen-Erika schlägt die Augen auf. Sie hat viel vor an diesem Tag – also nichts wie raus aus ihrem Lattoflex® und hinein in den Tag. Sie duscht geschwind, wäscht sich die Haare und fönt® sich. Zum Schluß cremt sie sich noch rasch mit Nivea® ein und legt sorgfältig ihr Make-up auf. »Heute nachmittag werde ich noch ein paar Gläser Marmelade einwecken®«, denkt sie. Oh je – da ist ihr doch der Lippenstift in der Eile ausgerutscht … Kein Problem, mit einem Kleenex® ist der

Schaden schnell behoben. Zum Frühstücken bleibt nicht mehr viel Zeit, der Kühlschrank sieht ohnehin ziemlich leer aus. Wenigstens den Kindern kann sie noch Nutella®-Brote schmieren, diese sauber in Zellophan® einwickeln und sich selbst noch einen Kaffee aus der Thermos®-Kanne eingießen. »Hier«, sagt sie zu ihren Sprößlingen und drückt ihnen Geld in die Hand, »davon könnt ihr euch bei Spar® Obst kaufen«. Die Kinder nicken brav, planen insgeheim, das Geld in Milchschnitten®, Kinder-Überraschungen® und Bi-fis® zu investieren und machen sich auf den Schulweg.

So, jetzt wird es aber höchste Zeit für Gen-Erika. Soll sie den Jeep® nehmen oder ihr neues Mountain-Bike? Sie entscheidet sich für letzteres, denn sie liebt es, beim Radeln Walkman® zu hören. Sie schwingt sich aufs Rad und schon ist das Malheur passiert: Über ihre neuen Perlonstrümpfe® rast eine peinliche Laufmasche. Zu allem Überfluß tritt sie auf dem Bürgersteig auf einen achtlos hingespuckten Kaugummi. So sehr sie sich bemüht, er will sich einfach nicht von ihrem Schuh lösen. »Der klebt ja wie Pattex®!« ruft sie erbost.

Als sie im Büro ankommt, ist Gen-Erika fix und fertig und schluckt auf den Schreck erst einmal zwei Aspirin®. Magenschmerzen hat sie jetzt auch, aber zum Glück hat sie auch Rennies® dabei, die räumen den Magen schon auf. Mittags geht es ihr hundeelend, und sie beschließt, nach Hause zu fahren. Sie klebt ihrer Kollegin einen Post-It® an den Apple® und tritt den Heimweg an.

Zu Hause sind ihre lieben Kleinen eifrig damit beschäftigt, unter Zuhilfenahme von Tesa® und Uhu® die neue Wohnzimmertapete mit lauter kleinen Styropor®-Hasen zu bekleben. »Das sind Schmunzelhasen®!« wird sie aufgeklärt. Es ist ein Polaroid® für die Götter ...

Gen-Erika schwankt und greift in ihrem Horror fast zum Valium®. Die Tapete ruiniert, die Kinder verschmiert – bei der nachfolgenden Putzaktion helfen weder Spüli® noch Ata®. Von wegen Wisch&Weg®! Sie schickt die Kinder entnervt mit ihren neuen Frisbee®-Scheiben und ihren Yoyos® in den Garten. Gen-Erika läßt sich erschöpft in einen Sessel sinken, stopft sich Ohropax® in die Ohren und gönnt sich erst mal einen Nescafé®. »Einen Martini® hätte ich mir jetzt eher verdient«, denkt sie sich, tupft sich mit einem Tempo® die Stirn ab. Kochen wird sie heute mit Sicherheit nicht – soll sich der Göttergatte doch mit Maggi® selber was Tolles zaubern ...

P.S. Die markenbewußte Französin nimmt natürlich kein Zewa®, sondern ein Sopalain®. Die gesundheitsbewußte Italienerin trinkt keinen entkoffeinierten Kaffee, sondern Kaffee Hag®. Die Engländerinnen und Amerikanerinnen staubsaugen nicht, sondern hoovern®, und sie kopieren nicht, sondern xeroxen®. Alles klar?

Das Brandukt

Ein Brandukt ist ein Produkt, dessen generischer Name untrennbar vom Markennamen ist. Das Wort setzt sich zusammen aus dem englischen »brand« für Marke und dem deutschen »Produkt«. Ein Brandukt ist so innovativ, daß es einzigartig ist, und es gibt keine Gattungsbezeichnung: AQUAVIT, MARTINI, MILCHSCHNITTE. Dieses Phänomen erklärt sich mit dem Grad der Innovation des Produktes und der Schnelligkeit bei der Markteinführung. Ein Unternehmen war schneller mit der Benennung eines neuen Produktes als der restliche Markt. Dies erklärt, warum sich der Name dem Konsumenten als Markenname einprägt. Das Unternehmen sollte sich jedoch auch immer eine beschreibende Bezeichnung überlegen und diese mitliefern. Denn die Gefahr besteht, daß das Produkt irgendwann einmal nachgeahmt wird. In diesem Fall wird der Name des Brandukts zur Bezeichnung der Imitation benutzt. Der Name wird dann zur generischen Bezeichnung.

Man findet viele Brandukts im Bereich der Lebensmittel, insbesondere im Bereich der Getränke (Beispiel: SCHWEPPES), aber auch in anderen Sektoren wie bei den Spielwaren (LEGO, FRISBEE, YOYO) oder den Kunststoffen (PLEXIGLAS, LINOLEUM).

Das Interesse eines Brandukts besteht in seiner Einmaligkeit auf dem Markt. Es ist deshalb wichtig, ein Brandukt nicht mit einer Marke zu verwechseln, die zum generischen Begriff wurde, weil sie ihre Identität oder ihre Produktinnovation nicht zu schützen wußte. Ein Brandukt hat Erfolg, weil es spezifische Attribute besitzt, die nicht leicht zu imitieren sind (und unter einem oder mehreren Patenten registriert sind) und auf diese Weise den Markennamen schützen.

7. Die Markenpolitik

Zwischen der Geschäftspolitik der Hersteller (Markenartikler) und der Händler (und anderen Dienstleistungsunternehmen) gibt es gewisse Analogien. Die wichtigste Entscheidung für den Hersteller und Händler liegt darin, zunächst auszuwählen zwischen einer Monomarkenpolitik (alle Produkte werden unter derselben Marke verkauft, wobei es gleichgültig ist, ob es sich um den Firmennamen oder einen anderen Namen handelt) oder einer Multimarkenpolitik (verschiedene Marken werden benutzt, um die einzelnen Produkte zu vermarkten).

In jedem Falle dient die Entscheidung über die Strategie dazu, den Markentypus festzulegen, damit die Produkte von den Konsumenten eindeutig erkannt werden können.

Die Markenstrategien

Markenfabrikate (Herstellermarken) und Handelsmarken können annähernd denselben Status erreichen, entsprechend verfügt der Händler über eine ähnliche Bandbreite an Strategien wie der Hersteller. Doch nur die Produktmarken bieten Markttransparenz, da sie überall angeboten werden können, während Handelsmarken durch ihren beschränkten Verkauf in den jeweiligen Handelsketten einen direkten Vergleich sehr schwer machen oder sogar verhindern.

Strategien der Hersteller (Markenartikler)

Wenn sich ein Hersteller entscheidet, Produktmarken zu vermarkten, bieten sich ihm drei Möglichkeiten der Identifikation:

- eine Identifikationsstrategie, die sich auf das Produkt konzentriert und versucht, es zu personalisieren, indem es als Produktmarke mit dem Potential zur Identifikation mit dem Angebotenen (eine Marke für jedes Produkt) vermarktet wird;
- eine Identifikationsstrategie, die sich auf die Marke (als Gesamtheit der Zeichen) konzentriert und eine Verallgemeinerung der Marke mit ihren verschiedenen Produkten zum Ziel hat. Sie wird dann wie folgt vermarktet:
  – als Linienmarke,
  – als Sortimentsmarke,
  – als hinzugefügte Absendermarke zu einer Produktmarke;
- eine Identifikationsstrategie, die sich auf das Unternehmen konzentriert, um eine gleichbleibende Qualität des Produktes (Treue, Sicherheit) durch Authentizität zu garantieren.

Die Herstellerfirma kann für ihr Produkt eine einheitliche oder vielfältige Positionierung finden (jedes Produkt wird als eigene Marke vertrieben). Diese Strategie hat zum Ziel, verschiedene Marktsegmente mit einem oder mehreren Produkten zu belegen, indem sie unter verschiedenen Markenlinien vertrieben werden:

- sei es unter dem Firmennamen (THOMSON, BRANDT, PHILIPS),
- sei es unter dem Namen, für den die Rechte erworben wurden. Die Marke PIERRE CARDIN wird z.B. für viele verschiedene Produkte benutzt (Stifte, Schuhe...) und von Unternehmen vermarktet, die die Rechte auf diesen Namen erworben haben.

Strategien der Händler

Die Markenstrategie für eine Handelsmarke ist der für eine Produktmarke sehr ähnlich:

- eine Identifikationsstrategie, die sich auf das Produkt konzentriert und sich in einer Eigenmarke für ein bestimmtes Produkt niederschlägt (Produktmarke);

- eine Identifikationsstrategie, die sich auf die Marke konzentriert und hierdurch beabsichtigt, eine Eigenmarke einzusetzen;
- eine Identifikationsstrategie, die sich auf den Absender konzentriert, indem man eine Handelsmarke einsetzt, um einige oder alle vertriebenen Produkte unter einem Namen (Sortimentsmarke) zu vertreiben.

Die Marke bzw. der Markenname darf also nicht einfach nur als ein Bestandteil des Produktes betrachtet werden, er ist vielmehr ein wichtiges Element des Unternehmensangebots, das keine Produkte, sondern Produktmarken verkauft. So kann dem Verbraucher Verschiedenes angeboten werden:

- ein Produkt unter einer bestimmten Marke,
- verschiedene Produkte unter einer Marke,
- ein Produkt unter verschiedenen Marken.

Die Identifikation eines Produktes findet entweder durch die einzelne Marke oder durch verschiedene Marken, die nebeneinander existieren, statt. Die Umsetzung einer Markenstrategie muß mit der Bestimmung der nominalen Identifikationsstruktur des Produktes beginnen, das sich über die Anzahl der vorhandenen Marken und die Charakteristika der Marken definiert.

Die nominale Identifikationsstruktur des Produktes

Nur wenige Autoren, die über Marken geschrieben haben, haben die Kombination und die Koexistenz von verschiedenen Namenstypen für ein Produkt erörtert. Die meisten beschränken sich auf die Möglichkeit, Unternehmensnamen mit Produktnamen zu kombinieren, indem man eine Wurzel aus dem Namen in den Markennamen integriert (NESCAFÉ, DAN'UP, GERVITA).

Verschiedene Konzepte wurden um den Begriff der Marke entwickelt (Bekanntheit, Treue, Sensibilität, Image). Diese Recherchen haben im globalen Sinne etwas über die Markenwahrnehmung dargelegt (daß sie nämlich aus verschiedenen Bestandteilen besteht, durch die sie identifiziert wird: Name, Logo, Emblem), haben jedoch nichts über die Frage der nominalen Identifikationsstruktur der Marke ausgesagt.

Die nominale Identität eines Produktes kann eine einfache Form (die

Präsenz eines einzigen Namens auf dem Produkt) oder eine komplexe
Struktur (mehrere Namen für dasselbe Produkt) aufweisen.

Einfache nominale Strukturen

Eine einfache nominale Struktur bedeutet, daß ein Name für ein oder
mehrere Produkte steht:

- ein Brandukt: z. B. LEGO, OHROPAX,
- eine Produktmarke: z. B. BLANCRÈME, PATROS, EVIAN, VITTEL.

Der Einsatz einer Linien- oder einer Sortimentsmarke macht den Gebrauch
einer generischen Benennung notwendig, die dem Markennamen zur Spe-
zifizierung des Produktes hinzugefügt wird, z. B.:

- DR. OETKER – Pudding, Götterspeise, Backmischung;
- JACOBS – KRÖNUNG, KRÖNUNG FREE, KRÖNUNG LIGHT;
- MELITTA – TOPPITS, FILTER, SWIRL.

Komplexe nominale Strukturen

Hier steht ein Name für mehrere Produkte. Eines der Charakteristika dieser
Strukturen ist die systematische Präsenz einer Dachmarke, durch die die
Produktherkunft authentisch wird. Diese wird dem Produktnamen hinzu-
gefügt:

- eine Linienmarke: LANCÔME, DIOR, CHANEL, YVES SAINT LAU-
RENT,
- eine Luxusmarke: PACO RABANNE, PIERRE CARDIN, HERMÈS,
CARTIER.

Man unterscheidet zwischen binominalen (zwei Namen) und trinominalen
(drei Namen) Strukturen.

Bei der binominalen Struktur wird der Name des Herstellers (Absendermarke) der Produktmarke, der Markenlinie oder dem Markensortiment
hinzugefügt. Im Lebensmittelsektor wird die Kombination von Produktmarke und Absendermarke bevorzugt: MEIN MILD'OR von JACOBS.

Eine Variante besteht in der Möglichkeit, einen einzelnen Namen zu
kreieren, indem sich Teile aus der Absendermarke wiederfinden (NES-

CAFÉ-NESTLÉ, BAYGON, BAYPEN – BAYER, BISOLVON – BOEH-RINGER INGELHEIM). Eine weitere Variante ist die Kombination von Markensortiment und Absendermarke:DAN'ROLL von DANONE. In den Bereichen Parfümerie und Kosmetik finden wir viele Beispiele von der Verbindung einer Markenlinie und einer Absendermarke: ANTAEUS-CHA-NEL, CAPTURE – DIOR.

Dieselbe Marke kann verschiedene Statusformen innerhalb der Markenpolitik eines Unternehmens innehaben. Ihr Status hängt von der Identifikationsstruktur eines Produktes und dessen Rolle ab.

Die trinominale Struktur hat generell folgende Form: Absendermarke + Sortimentsmarke + Produktmarke. Besonders die Automobilindustrie bevorzugt diese Möglichkeit. Das heißt, ein Modell wird oft nach dem Hersteller, dem Modellnamen und einer Linienbezeichnung oder Ausstattungsvariante benannt, wie z. B. der RENAULT 21 NEVADA, der VOLKSWAGEN GOLF MEMPHIS oder der CITROEN AX TEEN POP. Abbildung 19 (S. 155) gibt beispielhaft einen Überblick über die nominale Struktur bei der DAIMLER BENZ AG.

Die Auswahl einer nominalen Identifikationsstruktur ermöglicht es dem Unternehmen nach der Selektion der Produktidentität, eine Struktur festzulegen, die dem Produkt und der Orientierung der Markenpolitik, mit der man sich systematisch auseinandersetzen muß, entspricht. Die Festlegung einer Markenstrategie muß also in zweiter Linie in zusammenhängender Weise der Definition der nominalen Identifikationsstrukturen für jede Produktfamilie und dem Aktionsradius des Unternehmens dienen.

Jede Identifikationsstruktur erlaubt es, das Unternehmen authentisch werden zu lassen und seine Produkte unterscheidbar zu machen. Zusätzlich dient sie dazu, den Markt, die Produktfamilie, zu der es gehört, und den Grad der Qualität kennenzulernen.

Um die Markenpolitik eines gegebenen Unternehmens auf der Marketingebene untersuchen zu können, erscheint es sinnvoll, den Begriff des Markenportfolios (juristischer Ursprung) durch den des Identitätsportfolios zu ersetzen. Dieses Identitätsportfolio basiert auf der Existenz von Identifikationsstrukturen, die anhand einer Gesamtheit von Marken und Namen entwickelt wurden.

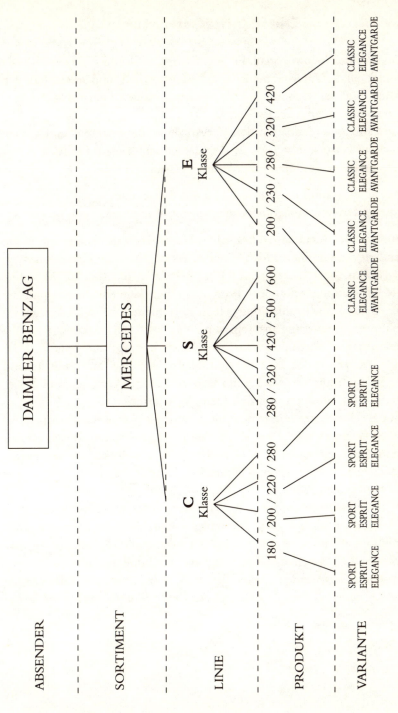

Abbildung 19: Nominale Struktur bei der DAIMLER BENZ AG
Quelle: NOMEN International Deutschland GmbH, Düsseldorf

Die Identitätsstruktur

Die Analyse der Identitätsstruktur (Identitätsportfolio) hilft dabei, die Markenpolitik eines Unternehmens besser zu verstehen, und erleichtert den Vergleich mit der Geschäftspolitik anderer Unternehmen in demselben oder in einem anderen Sektor.

Man kann eine Identitätsanalyse der Angebote der betreffenden Firma in Form einer Matrix erstellen, in der die verschiedenen Produkte unter Berücksichtigung bestimmter Funktionen klassifiziert werden:

- Zusammensetzung: einfache oder komplexe Struktur,
- aktuelles Umfeld: individuelle oder kollektive Identität.

Die Analyse der Identitätsstruktur eines Unternehmens ermöglicht es, die Gesamtheit der nominalen Identitäten zu visualisieren, die Größenordnung des Portfolios abzuschätzen (Anzahl der benutzten Identitäten), die nominale Identifikationsstruktur der Produktfamilien kennenzulernen und die Politik sowie die Identifikationsstrategie verschiedener Produktkategorien durch ihre Positionierung abzuschätzen.

Diese Analyse klärt und vertieft das Markenkonzept und zeigt, daß der Begriff »Markenname« in einer komplexen Realität zu vereinfachend wirkt. Er ist somit für Marketinganalysen weniger geeignet und besser durch das Konzept der nominalen Identität zu ersetzen. Denn die Identifikation eines Produktes und seine Positionierung beruhen manchmal auf einer Identifikationsstruktur von komplexer Form, die sich aus verschiedenen Markennamen zusammensetzt. Derselbe Markenname kann einen unterschiedlichen Status in mehreren Identifikationsstrukturen haben und jeweils andere Funktionen erfüllen.

Ein besseres Verständnis des Verbraucherverhaltens bezüglich der Produktidentität entwickelt sich aus einer gründlichen Untersuchung der Wahrnehmung von komplexen Identifikationsstrukturen und deren Bestandteilen. So können die Rolle und die Funktionen dieser Strukturen besser abgeschätzt werden. Dieser Typ der Untersuchung muß das visuelle Element (Logo, Emblem, Verpackung) und die Produktidentität berücksichtigen.

Die Bestimmung einer Markenstrategie für ein neues Produkt

Das Produkt ist nur dann neu auf dem Markt, wenn es kein ähnliches Produkt gibt, das dieselben Funktionen erfüllt: Es gibt also keine direkte Konkurrenz. Natürlich können Substitutionsprodukte existieren (d.h. Produkte mit unterschiedlichen Merkmalen, die dieselben Bedürfnisse erfüllen), die man im Vorfeld analysieren sollte.

Wird ein Produkt erneut auf den Markt gebracht (Relaunch), dann erhält es eher selten einen neuen Namen. Dies gilt besonders für Produkte oder Dienstleistungen, bei denen sich lediglich die Werbebotschaft geändert hat, die Eigenschaft jedoch unverändert bleibt, z. B. die Umbenennung von KKB in CITIBANK.

Wenn ein Produkt in seinen Eigenschaften abgeändert worden ist, weil es nicht den Verbrauchererwartungen entsprach, muß auch seine Identität geändert werden, damit es als neues Produkt erkennbar wird. Es kann aber durchaus eine ähnliche nominale Struktur beibehalten, z. B.: aus MILD & FINE wurde MEIN MILD'OR.

Die Suche nach einer Markenstrategie für ein neues Produkt setzt eine dreistufige Analyse voraus:

- eine Analyse der aktuellen Marken, um mögliche Ähnlichkeiten mit bestehenden Marken zu vermeiden;
- eine Analyse der Marken der Mitbewerber (Markenumfeld);
- eine Festlegung der Mittel, über die die Firma bei der Markteinführung verfügen kann.

Die Marketingattribute der Marke

Die Marke oder der Markenname sollen die Vorzüge des Produktes auf dem Markt verdeutlichen. Diese verweisen auch auf die Markenstrategie des Unternehmens. Die Marke hat viele Formen (Name, Logo, Emblem, Design), und jede von ihnen sollte perfekt zur Natur und den Qualitäten des Produktes passen.

Die Marke: Ausdruck einer Positionierung

Die Hauptaufgabe der Marke besteht darin, die Positionierung des Produktes zu verdeutlichen. Die charakteristischen Strukturen des Namens und seine Assoziationen reflektieren diese Positionierung.

Unter Positionierung verstehen wir die einmalige Produktpersönlichkeit, d.h. die Charakteristika, die es von Konkurrenzprodukten unterscheiden. Ein Name für ein neues Auto würde ausdrücken wollen, daß es von A nach B schnell und sicher transportiert. Entsprechende Namen wären: Vector, Speedy, Sprinter, Transporter, Trans... . Schnell ähnelt sich jedoch alles auf dem Markt, so daß der Käufer angesichts der Produktvielfalt Identifikationshilfen benötigt. Daher sollte der Name für ihn ein Signal sein, um was für ein Produkt es sich handelt, im Sinne von »wie ist es?« Denn daß es ein Auto ist, sieht der Käufer oder verrät die Herstellermarke: MERCEDES-BENZ, OPEL, VW, BMW. Aber wie das Modell ist, darauf kann der Name ein erster Hinweis sein. Eine Produktpositionierung lautet nicht »das wendigste kleine Stadtauto«, sondern »der kleine Frechdachs in der Familie«.

Eine Unterscheidung von Konkurrenzprodukten durch einen anderen Namen stellt sich manchmal als schwierig dar, besonders wenn es sich um ein dicht besetztes Marktsegment handelt. Im Rahmen einer »Kopie« kann ein Unternehmen auch versuchen, einer existierenden Marke – im Normalfall dem Marktführer – besonders ähnlich zu sein, anstatt sich von ihm zu unterscheiden. Eine solche Annäherung kann sich auf verschiedene Weise manifestieren:

Die Homonymie ist die einfachste Form der Imitation. Sie besteht darin, einen quasi-identischen Markennamen zu benutzen, der auf der linguistischen Ebene einem anderen gleicht. Absolute Homonymie in demselben Sektor und demselben Land ist allerdings sehr selten, da sie den Tatbestand unerlaubter Nachahmung erfüllt. Dagegen ist es nicht selten, daß verschiedenartige Produkte, die vielleicht auch in verschiedenen Ländern vertrieben werden, denselben Namen tragen. So steht z.B. HERMES parallel für eine Modefirma, Versicherungen und einen Paketzustelldienst. MONT BLANC ist eine Bezeichnung für Stifte und Cremedesserts, OLYMPIA ist der Name von Schreibmaschinen und Strümpfen, ASTRA ist als Name eingetragen für ein Auto (OPEL), einen Satelliten, ein Bier, eine Margarine und für ein Mineralwasser.

Paronymie bezeichnet den Einsatz von ähnlich klingenden Namen, die jedoch nicht ganz identisch sind. Der Unterschied zu anderen Marken be-

steht meistens in ein oder zwei anderen Buchstaben z.B. Geländewagen wie
FRONTIER versus den FRONTERA von OPEL. Die Paronymie besteht
zumeist in einer semantischen Ähnlichkeit, kann sich aber auch auf phonetischer oder morphologischer Annäherung begründen.

Homophonie ist die Gleichheit des Klanges verschiedener sprachlicher
Zeichen, die zur Verwechslung mit anderen Marken führen kann, z.B. NU-
TELLA, NUSSPLI, NUTOKA, NUSS FIT.

Homomorphologie ist eine Ähnlichkeit semiotischer Art. Es geht darum,
die Form, die Farben oder ganz allgemein die Symbolik oder visuelle Identifikation eines sprachlichen Zeichens zu reproduzieren oder zu imitieren:
das Logo, das Emblem, das Design. So ähneln z.B. fast alle Etiketten von
Anislikören dem von RICARD.

Die Juristen benutzen eine andere Terminologie: Sie sprechen von identischen Marken (Homonymie) und ähnlichen Marken (Paronymie).

Die Marke: Ausdruck der Unternehmenspolitik

Die Analyse der Produkte eines Unternehmens und der Marken, unter denen sie vertrieben werden, ist wichtig für die Marketingstrategie. Hierbei
können sich verschiedene Situationen präsentieren:

- Die Gesamtheit aller Produkte wird unter dem Unternehmensnamen
  verkauft: Die Firma verfügt über ein einheitliches Image, das perfekt mit
  den vertriebenen Produkten und einer homogenen Käuferschicht har-
  moniert (BAHLSEN).
- Die Gesamtheit aller Produkte wird unter einem Markennamen, der sich
  vom Firmennamen unterscheidet, verkauft: Die Produkte verfügen über
  eine große Homogenität, was ihr Image und die Käufer betrifft (DAIM-
  LER-BENZ: MERCEDES).
- Jedes Produkt wird unter einer anderen Marke vertrieben und besitzt
  spezifische Attribute. Da die Marken unter verschiedenen Namen verkauft werden, können die Produkte auch verschiedene Käuferschichten
  erreichen und eine Konkurrenzsituation simulieren (PROCTER &
  GAMBLE, UNILEVER).
- Jedes Produkt wird unter einem eigenen Namen verkauft, stützt sich aber
  gleichzeitig auf den Herstellernamen. Die spezifischen Produktmerkmale
  verlangen die Benutzung verschiedener Termini, um jene identifizieren
  zu können. Der Vertrieb hingegen findet in demselben Konsumumfeld

statt, in dem die Produktqualität und die Gebrauchssicherheit vorrangig
sind. Dies macht manchmal den Hinweis auf den Hersteller notwendig
(HENKEL: PERWOLL, PERSIL...).

- Dasselbe Produkt wird unter verschiedenen Namen verkauft. Das Produkt gehört zu einer Artikelkategorie, in der die Markensensibilität stark
ausgeprägt ist. Der Vertrieb unter verschiedenen Namen erlaubt es, mit
Hilfe der Ausdruckskraft der einzelnen Namen verschiedene Marktsegmente zu erobern (Untermarken wie z.B. die Produkte der Ladenkette
ALDI oder APPLE PERFORMA).

- Das Unternehmen besitzt verschiedene Marken, von denen jede über
verschiedene Produkte verfügt. Die Firma bietet verschiedene Produktkategorien an. Die spezifische Identität, die der Hersteller jeder von ihnen verleihen möchte, beruht auf der Homogenität der Produkte, die auf
der charakteristischen gemeinsamen Technik der Produkte oder der Ein-
heitlichkeit der Zielgruppe basiert (MELITTA: TOPPITS, SWIRL und
FILTER).

Die Analyse der aktuellen Marke

Diese Untersuchung soll die aktuelle Firmensituation darstellen und über
zukünftige Entwicklungen informieren. Die Analyse ist um so wichtiger
und muß um so sorgfältiger durchgeführt werden, je größer die Markensensibilität in der betreffenden Produktkategorie ist.

Folgende Punkte sollten Beachtung finden:

- Das Profil des Markenlebens
- Die Bekanntheit der Marke:
  - Wie hoch ist die spontane Bekanntheitsrate?
  - Wie ist ihr »top of mind«?
  - Wie hoch ist ihr assistierter Bekanntheitsgrad (bzw. der suggerierte)?
  - Wie ist die Entwicklung der Raten in den letzten Jahren verlaufen,
    und wie sind zukünftige Perspektiven?

- Die Markentreue:
  - Wie groß ist der Anteil der treuen Verbraucher?
  - Welcher Art ist die Markentreue?
  - Wie ist das Kundenprofil?

- Das Markenimage:
  - Wie ist das Markenimage?
  - Welches sind die positiven und welches die negativen Züge der Markenpersönlichkeit?
  - Wie hat sich das Image weiterentwickelt?
  - Muß sich das Image verändern?
  - In welche Richtung soll sich das Image entwickeln?

- Das Markenumfeld:
  - Wie sind die Ausmaße des Umfeldes?
  - Wie ist die Glaubwürdigkeit?
  - Wie ist die juristische Schutzfähigkeit einzustufen?

Die Liste dieser Fragen ist nicht umfangreich: Es sind Fragen, die sich ein Verantwortlicher generell stellt, um die Markenqualität der Marken eines Unternehmens einzuschätzen.

Nach der Analyse der vorangegangenen Fragen kann eine Vermarktung des neuen Produktes unter einer aktuellen Marke in Betracht gezogen werden, falls das Markenumfeld, das Markenimage, die Positionierung, die gewünschte Entwicklung des Images und die Eigenschaften des neuen Produktes stimmig sind.

Die Bekanntheit einer Marke – vor allem, wenn sie eine treue Kundschaft besitzt, die mit der Zielgruppe übereinstimmt – bildet ein wichtiges Element für den Verkauf des Produktes mit einem Markennamen. Man sollte stets eine Weiterentwicklung der Marken des Unternehmens anstreben.

Marken stellen einen finanziellen Wert dar, dies ist unbestreitbar und wird durch viele Transaktionen belegt. In Frankreich waren bereits 40.000 Marken Gegenstand von Transaktionen. Die Richtlinien der Finanzbehörde erlauben es nicht, den Markenwert auf der Aktivseite der Bilanz anzuführen, außer wenn die Marken gekauft worden sind. In Großbritannien dagegen wurde diese Frage vor dem englischen Normkomitee gestellt.

Parameter zur Bewertung von Marken

Auch wenn der Markenwert nicht in die Bilanz einfließt, gibt es ein Interesse an Marken. Die Schwierigkeit besteht darin festzulegen, nach welchen Regeln eine Bewertung stattfinden soll. Spezialisierte Unternehmen wie Nomen, Interbrand, Nielsen, Boston Consulting Group haben Ent-

wicklungsmethoden ausgearbeitet. Es ist illusorisch, nach einer rein ma-
thematischen Methode zu suchen. Unter den vielen Parametern gibt es
viele qualitative und manchmal auch sehr subjektive, einige seien hier genannt:

- Zählbare Elemente:
  - Wert der Ersetzung des Markennamens,
  - Wert der Ersetzung der nonverbalen Elemente der Marke,
  - Rentabilitätswert: das analytische Ergebnis, das aus den Produkten ge-
    folgert werden kann, multipliziert mit k (k = Koeffizient des Gewich-
    tes der Marke hinsichtlich ihrer Kapazität des Markennutzens),
  - Investitionen für Werbung und Promotion.

- Juristischer Zustand der Marke:
  - geographische Reichweite des Schutzes,
  - willkürlicher Charakter der Marke,
  - wirklicher, legaler Charakter der Marke,
  - Verträge, die mit der Marke einhergehen,
  - Alter der Marke,
  - friedlicher Charakter der Markenausnutzung (Existenz von Imitatio-
    nen),
  - Risiko von Aktionen Dritter, die zum Rechtsverlust führen können
    (z. B. Löschungsantrag).

- Marketingkriterien:
  - Charakter der Marktstrategie,
  - Produktlebenszyklus,
  - Wachstum des Marktes,
  - Entwicklung und Dynamik des betreffenden Sektors,
  - Markenumfeld und mögliche Ausweitungen,
  - Markenimage,
  - Trennbarkeit der Marke,
  - share of voice (Anteil der Werbeauftritte innerhalb einer Produktkate-
    gorie),
  - Marktanteil (Entwicklungstendenzen),
  - numerische Streuung und Wert der Streuung,
  - spontane Bekanntheit, top of mind, suggerierte Bekanntheit,
  - Merkfähigkeit (Wiedererkennen, Attribute),
  - Markentreue.

• Linguistische Bewertung:
  – phonetische Kriterien: Aussprechbarkeit des Namens in den Absatz-
    märkten;
  – semantische Kriterien: internationale Akzeptanz der Marke.

Die Liste der Parameter differiert, je nach Interviewer, zwischen 100 und
200.

Die Analyse des Produktumfeldes

Die Benutzung eines Markennamens hängt auch von der Marktsituation
und dem Konkurrenzumfeld ab.

Die Beschaffenheit des Marktes (Größe, Reife etc.) spielen eine Rolle
bei der Auswahl der Identifikationsstrategie. Je wichtiger die Marktgröße
und sein Wachstumspotential sind, desto größer ist das Interesse, eine spezifische Marke für das Produkt zu kreieren (Produktmarke). Je kleiner der
Markt ist, um so mehr kann sich die Firma auf bestehende Marken stützen
(Linienmarke oder Absendermarke). Es ist schwierig, eine neue Marke auf
einem Markt zu etablieren, der bereits gesättigt ist.

Die Untersuchung des Konkurrenzumfeldes darf sich nicht nur auf ähnliche Produkte beschränken, sondern muß auch Substitutionsprodukte
berücksichtigen, die dieselbe Funktion erfüllen, obwohl sie andere Eigenschaften besitzen. Außerdem muß man die Firmen betrachten, die in der
nahen Zukunft den Markt erobern möchten. Diese Analyse erlaubt, die
Konkurrenzstrategie und den Grad der Marktkonzentration einzuschätzen.

Die Identifikationsstrategie, die von Konkurrenten entwickelt wurde, die
bereits auf dem Markt präsent sind, ist eine Orientierungshilfe für die eigene Strategie. Wenn z.B. die Hauptkonkurrenten ein Produkt unter einer
Sortimentsmarke vertreiben, wird es schwierig, dem Verbraucher eine Produktmarke zu verkaufen. Die Analyse der Konkurrenz läßt sich am einfach-
sten anhand eines Vergleichs der verschiedenen Markenidentitäten durchführen.

Wenn man als erster mit einem Produkt auf den Markt kommt, bringt
dies einige Vorteile mit sich, da man die Strategie frei wählen kann und sich
nicht der Konkurrenz anpassen muß, sondern vielmehr selbst zum Maßstab
für die Mitbewerber wird.

Die Untersuchung der Marktkonzentration bringt uns zu einem anderen
Kriterium der Markteinführung: Auf einem konzentrierten Markt ist die

Einführung und Entwicklung eines neuen Produktes schwierig, da einige dominante Unternehmen den Neueinsteigern große Marketinganstrengungen abverlangen, insbesondere, was die Werbung betrifft. Dieser Umstand macht eine schnelle Rentabilität der Investitionen sehr schwierig. In einem solchen Fall sollte man auf eine bestehende, bekannte Marke zurückgreifen, um dem Produkt Identität zu verleihen. Dies kann eine Linienmarke oder eine Absendermarke sein.

Die Festlegung der Kommunikationsstrategie

Bevor man eine Identifkationsstrategie für ein neues Produkt festlegt, ist es wichtig, den erforderlichen Arbeitseinsatz und die notwendigen finanziellen Mittel realistisch einzuschätzen. Je unabhängiger eine Marke von bereits bestehenden sein soll, desto mehr Mittel wird sie für ihre Marktetablierung beanspruchen.

Von Anfang an muß auch der Zeitfaktor bedacht werden, denn neben der Dauer der Markenkreation gibt es zeitliche Fristen, wie z.B. die Zeit, die für die Durchführung der juristischen Überprüfung benötigt wird.

Manche Firmen mit einem hohen Markenbedarf kreieren deswegen Markenbanken, die sie regelmäßig auffrischen. Sie enthalten Marken, die juristisch unbedenklich und im Namen der Firma geschützt sind, so daß sie in dringenden Fällen sofort einsetzbar sind. Die Kreation und die Registrierung einer Marke verursachen nicht unbedingt hohe Kosten, zumal der rechtliche Nutzen des Schutzes wichtiger als seine Kosten einzustufen ist.

Dennoch sind natürlich einige Anstrengungen notwendig, um den Arbeitseinsatz und die finanziellen Mittel zu mobilisieren:

- Public Relations (Kontakte zur Presse),
- Werbung (Medien, direkte Werbung, auf dem Produkt),
- Verkaufswettbewerb (Prämien, Wettbewerbe),
- Patenschaft (Mäzenatentum, Sponsoring),
- Kundenwerbung (Verkaufskraft).

Die Kommunikationspolitik sollte die Markenstrategie optimieren. Sie hat zum Ziel, die Marke lebendig zu halten sowie ihr Image und ihr Umfeld zu bestärken. Patenschaften sind hervorragend geeignet, das soziale Image der Marke aufzuwerten (Mäzenatentum) und bestimmte Assoziationen hervorzurufen (Sponsoring). Dies ist zugleich eine subtilere Art der Werbung mit folgenden Vorteilen:

- vielfältige Anwendungsmöglichkeiten: sportliche Aktivitäten, Kultur, Wissenschaft, Wirtschaft, humanitäre Organisationen;
- verschiedene Teilnahmemöglichkeiten: von der simplen Präsenz der Marke am Ort einer Manifestation bis hin zur Organisation von Veranstaltungen;
- diverse Formen von Beiträgen: Zuschüsse, Leistungen in Form von Naturalien, logistische Unterstützung usw.

Im Falle der Linienmarke und der Absendermarke ist das Markenimage direkt mit den Basisprodukten verbunden. Sie transportieren das Wesentliche der Marke und sichern ihren Fortbestand. Man muß also den Nutzen der einzelnen Produkte betonen, ohne das Markenimage durch eine weitschweifende und ungezielte Werbestrategie zu verwässern.

Die Umsetzung der Strategie

Vor der Wahl oder Bestätigung einer Identifikationspolitik für die Produkte ist es unabdingbar, im Vorfeld den Produkten eine Identität zu verleihen. Das Unternehmen kann sich dabei für eine einheitliche Identifikationspolitik entscheiden, d.h. für dieselbe Marke für alle Produkte, die von der Firma vertrieben werden. Man kann aber auch eine vielfältige Identifikationspolitik betreiben, die sich im Identitätsportfolio widerspiegelt und die aus verschiedenen Strukturen der unterschiedlichen Marken zusammengesetzt ist. Diese verschiedenen Strukturen werden dann den einzelnen Produkten zugeordnet.

Im ersten Fall muß man sich für eine Benennung des Produktes entscheiden, die dann der Marke hinzugefügt wird. Im zweiten Fall muß eine eigene Identität für das neue Produkt geschaffen werden (neuer Markenname).

Die Auswahl der Positionierung

Die Positionierung einer Marke spiegelt den Wunsch des Unternehmens nach einer nominalen Identität des Produktes wider, um

- den Gehalt und das Umfeld der Marke im Rahmen einer einheitlichen Identifikationspolitik festzulegen (eine Marke für alle Produkte),
- das Produkt zu individualisieren (eine Marke für jedes Produkt),
- die Hervorhebung des Herstellers zu ermöglichen (Hinzufügung einer Absendermarke, z. B. PHILIPS).

Bei einer internationalen Strategie muß die Positionierung für jedes Land einzeln durchgeführt werden. Hier bieten sich den Unternehmen vier Orientierungshilfen:

1. Eine **Standardstrategie**: derselbe Name wird in allen Ländern benutzt: NUTELLA (FERRERO), NIGHT & DAY (JACOBS), AFTER EIGHT (ROWNTREE MACKINTOSH), YES (NESTLÉ). Diese Strategie tendiert entweder zum Benutzen der englischen Sprache, die für Marketingfachleute Weltsprache ist, oder zu allgemein bekannten Ausdrücken (MON CHÉRI) oder freien Erfindungen (ADIDAS).
2. Eine **Transpositionsstrategie** verlangt das Übersetzen der Namen in andere Sprachen: MEISTER PROPER – MONSIEUR PROPRE – MAESTRO LINDO; LA VACHE QUI RIT (Frankreich) – THE LAUGHING COW (England) – DIE LACHENDE KUH (Deutschland). Diese Strategie ist angebracht, wenn der semantische Gehalt des Namens wichtiger Bestandteil des Markenverständnisses ist und in jedem Land verstanden werden sollte.
3. Bei der **Adaptionsstrategie** benutzt man einen anderen Namen, der dasselbe Konzept widerspiegelt: KUSCHELWEICH (Deutschland) – COCOLINO (Italien) – MIMOSIN (Spanien) – CAJOLINE (Frankreich).
4. Die **Differenzierungsstrategie** zeichnet sich durch den Einsatz verschiedener Namen in verschiedenen geographischen Zonen aus, die jeweils eine andere Marke mit eigenen Assoziationsfeldern und einer bestimmten Positionierung darstellen: BAHLSEN: PARADISO (Deutschland) – APERIFRUITS (Frankreich); KIPFERL (Deutschland) – CROISSANT DE LUNE (Frankreich).

Die Festlegung der nominalen Identifikationsstruktur

Um die Produktpositionierung auszudrücken, muß die Firma eine der bereits vorgestellten Strategien auswählen. Wenn es das Ziel ist, das Markenimage und

-umfeld zu entwickeln oder zu bestärken, wird das Unternehmen eine Sortimentsmarke oder eine Absendermarke, d.h. eine einfache Struktur, benutzen. Geht die Strategie eher in Richtung Individualisierung und wird keine Referenz an die Herkunft gewünscht, wird die Identifikationsstruktur ebenfalls einfach sein wie bei einer Produktmarke. Wenn gleichzeitig das Produkt individualisiert und die Herkunft authentisch werden soll, wird man eine komplexe Form wie die Absendermarke wählen. Die Entscheidung hängt auch von der Vielzahl der vertriebenen Produkte und ihrer Vielschichtigkeit ab.

Wenn jedes Produkt eine spezifische Identität erhalten soll, sind folgende Strukturen anzustreben:

- Produktmarke + Absendermarke: wenn das Produkt besondere Eigenschaften hat und sich von den restlichen Produkten der Firma abheben soll, wie bei PANILLO von HEINZ.
- Produktmarke + Linienmarke + Absendermarke: wenn das Produkt eine bereits existierende Produktfamilie ergänzt und die Zugehörigkeit betont werden soll, wie THERA-MED PROACTIN von HENKEL oder KRÖNUNG LIGHT von JACOBS.

Wenn eine homogene Gruppe von Produkten angeboten wird und eine gemeinsame Identität angestrebt wird, bieten sich folgende Strukturen an:

- Linienmarke + Absendermarke: wenn sich die Produkte an dieselbe Zielgruppe richten, wie bei NIVEA VITAL von BEIERSDORF.
- Linienmarke + Absendermarke: wenn der homogene Charakter der Produkte im Funktionsbereich der Produkte liegt, wie bei dem Mineralwasser PURISSA von SINZIGER (Foto V).

Die Wahl des Markennamens und die Kreation der visuellen Identität

Im Rahmen einer Politik mit vielfältigen Identitäten benötigt jedes neue Produkt eine eigene Identität, was im allgemeinen die Kreation eines spezifischen Markennamens für jede geographische Zielzone des Produktes notwendig macht. Trotzdem kann eine Firma auch unter bestimmten Umständen einen bestehenden Markennamen für ein neues Produkt einsetzen. Das ist dann der Fall, wenn das Produkt ein anderes aus der Linie ersetzt, das vom Markt genommen wird, oder wenn eine existierende Marke hervorragend zu einem neuen Produkt paßt.

Die bestehende Marke kann natürlich auch in abgewandelter Form eingesetzt werden. Ein Beispiel für eine solche Weiterentwicklung: PAMPERS – BOYS AND GIRLS, BABY DRY, THIN, TRAINERS.

Es kommt auch vor, daß die Qualität eines Produktes es erlaubt, aus ihm eine Linienmarke oder eine Sortimentsmarke werden zu lassen, so daß der Status des Markenartikels überschritten wird – wie bei KINDERSCHOKOLADE.

Die Wahl eines Markennamens (Produktmarke, Markenlinie) findet schrittweise nach der Untersuchung der Attribute des Produktes statt:

- ein Name, der im Moment von der Firma benutzt wird,
- ein Name aus der Namensbank mit verfügbaren Namen,
- ein neu kreierter Name.

Die letzte Etappe der Markenkonzeption für ein Produkt ist die Definition und Kreation der visuellen Identität, d.h. des Logos oder eventuell eines Emblems.

Die Kreation eines Logos ist zwingend, da es die Marke optisch repräsentiert, wohingegen ein Emblem nicht unbedingt notwendig ist, da sein Einsatz neben einem Namen nicht immer gerechtfertigt ist.

8. Der Schutz von Marken

Helge Bernhard Cohausz

Eingetragene Marken schützen vor der Konkurrenz und vor Markenpiraten. Marken, Produktausstattungen und Firmennamen genießen aber nur dann vollen rechtlichen Schutz, wenn sie von vornherein juristisch richtig konzipiert werden. Fehler bei der Markenfindung rächen sich bitter, wenn sie erst entdeckt werden, nachdem die Marke mit viel Mühe und Geld auf dem Markt eingeführt worden ist.

Nachdem für eine Ware, eine Dienstleistung, eine Firma oder ein Geschäft ein Name oder ein Bildzeichen gewählt worden ist, muß geprüft werden, ob es schutzfähig ist und ob Rechte anderer verletzt werden.

Auf die Schutzfähigkeit achten

Der häufigste Fehler liegt in der Wahl einer Marke, die nach dem Markengesetz nicht schutzfähig ist. Das Anmelden einer solchen Marke beim Deutschen Patentamt führt nicht zu einer Eintragung in das Markenregister. Dies hat zur Folge, daß aus dieser Marke das Recht zur alleinigen Benutzung nicht hergeleitet werden kann.

Im folgenden werden die wichtigsten Regeln aufgezählt, die es zu beachten gilt, um rechtsbeständige Marken zu erhalten:

Unterscheidungskraft

Von der Eintragung beim Deutschen Patentamt sind solche Marken ausgeschlossen, die nicht unterscheidungskräftig sind. Hierbei handelt es sich um Wörter oder Bilder, die vom Verkehr lediglich als eine die Ware, Dienstleistung oder Tätigkeit beschreibende Bezeichnung verstanden werden. Solche Angaben können die Herkunftsfunktion einer Marke nicht erfüllen. So sind beispielsweise schutzunfähig: *extra, prima, ideal, fix, plus, mini, maxi* für alle Waren und Dienstleistungen, ferner *Sand* für Schleifpapier, *Meisterbrille* für Brillen, *Sonniger September* für Wein, *Prestige* für Bekleidungsstücke, *Sofix* für Reinigungsmittel.

Zweifellos ist es verführerisch, Bezeichnungen zu wählen, die an die Ware, Dienstleistung oder Tätigkeit des Unternehmens angelehnt sind. Man erhofft sich hierdurch eine größere Werbewirksamkeit, insbesondere ein schnelleres Bekanntwerden und ein positives Beeinflussen der betreffenden Kundenkreise. Leider wird übersehen, daß schutzunfähige Marken dem Gewerbetreibenden keinerlei Rechte bieten. Richtig ist es vielmehr, phantasievolle Zeichen zu wählen, die wie KODAK oder PERSIL keinen Bezug zur Ware haben und damit einen optimalen Schutz genießen.

Unterscheidungskräftig sind auch Marken, die einen beschreibenden Inhalt haben, wenn dieser Inhalt zur Ware oder Dienstleistung ohne Bezug ist. So können z.B. für Getränke Bezeichnungen aus der Musik wie *Symphonie* oder *Staccato* und für Kraftfahrzeuge Bezeichnungen aus der Lebensmittelbranche wie *Vitamin* oder *Gratin* gewählt werden, da das Gebiet der Musik weit genug von Getränken und das Gebiet der Lebensmittel weit genug von Kraftfahrzeugen entfernt liegt.

Freihaltungsbedürfnis

Ebenfalls schutzunfähig sind alle Angaben, an deren freier Verwendung ein berechtigtes Bedürfnis der Allgemeinheit, insbesondere der Mitbewerber, besteht. Hiervon sind alle Fachangaben betroffen, die zum Beispiel zur Beschreibung der Art, des Herstellungsortes, der Beschaffenheit, der Bestimmung und des Preises der fraglichen Waren oder Dienstleistungen geeignet sind. Dies bezieht sich auch auf relativ unbekannte oder erst im Entstehen begriffene Fachausdrücke. Ferner ist der Entwicklung der Werbesprache Rechnung zu tragen, für die ein von Schutzrechten nicht berührter Freiraum offengehalten werden muß. Schließlich können Zeichen nicht monopolisiert werden, die nur geringfügig von freihaltungsbedürftigen Fachangaben abweichen, weil auch mit ihnen die freie Verwendbarkeit der entsprechenden Fachbegriffe behindert werden könnte.

Deshalb wurden beispielsweise als schutzunfähig angesehen: *Videothek* für Bild- und Tonträger, weil es sich im Hinblick auf Begriffe wie Bibliothek, Kartothek, Diskothek etc. um eine naheliegende künftige Fachangabe handelte; *Combicar* für Kraftfahrzeuge, da es eine sprachübliche Zusammensetzung der Worte *Kombination* und *Car* (Wagen) ist.

Verkehrsdurchsetzung

Zeichen, die an sich keine Unterscheidungskraft haben oder freihaltungsbedürftig sind, können dennoch ausnahmsweise geschützt werden, wenn sie sich nach intensiver Benutzung bei den beteiligten Verkehrskreisen als individuelles Kennzeichen der Waren oder Dienstleistungen des Anmelders durchgesetzt haben, z.B. Volkswagen oder Teekanne. Eine Verkehrsdurchsetzung wird aber selten erreicht. Es bedarf hierzu eines erheblichen Werbeaufwandes.

Täuschende und irreführende Zeichen

Täuschende und irreführende Zeichen sind nicht schutzfähig, da der Verkehr davor bewahrt werden muß, unrichtige Aussagen eines Zeichens als wahr anzunehmen. Täuschende Zeichen sind zum Beispiel:

- geographische Angaben, wenn die Ware, Dienstleistung oder das Unternehmen aus dieser Gegend nicht stammen;
- fremdsprachige Bezeichnungen, wenn die Ware, Dienstleistung oder das Unternehmen nicht aus dem Land dieser Fremdsprache stammen;
- eine unzutreffende Berühmung von Titeln, insbesondere akademischer (Dr., Prof.), oder von unwahren Angaben (das beste…; Butter… für Pflanzenfett; gesetzlich geschützt, wenn kein Schutz besteht).
- In diesem Zusammenhang sind auch außerzeichenrechtliche Kennzeichnungsverbote z.B. des Lebensmittel- oder Arzneimittelrechtes zu beachten.

Schutzunfähige Zeichen sind ferner Wappen, Flaggen, Hoheitszeichen, Zeichen internationaler Organisationen, amtliche Prüf- und Gewährzeichen sowie ärgerniserregende Zeichen.

Auf die Rechte Dritter achten

Nachdem mit großer Sorgfalt eine Marke gewählt worden ist, die aller Voraussicht nach schutzfähig ist, sollte diese trotzdem noch nicht benutzt werden, ehe nicht feststeht, ob Rechte Dritter verletzt werden. Anderenfalls kann die Benutzung der Marke verboten und eventuell Schadenersatz beansprucht werden. Rechte Dritter sind dann zu berücksichtigen, wenn zwischen der Marke oder dem Zeichen des Dritten und der gewählten Marke eine Verwechslungsgefahr besteht, d.h. die Marke oder das Zeichen des Dritten mit der gewählten neuen Marke:

• identisch oder ähnlich ist,
• die dazugehörigen Waren oder Dienstleistungen identisch oder ähnlich sind (bei Unternehmens- und Geschäftsbezeichnungen genügt schon Branchennähe) und
• die Marke, Markenanmeldung oder das Zeichen des Dritten älter ist.

Eine Marke (oder ein Zeichen) gilt dann als älter, wenn sie rechtlich vor der anderen entstanden ist. Man spricht hier von einem älteren Zeitrang, einer besseren Priorität. Ein jüngeres Zeichen muß grundsätzlich einem älteren Zeichen weichen. Bei den verschiedenen Kennzeichen entsteht die Priorität unterschiedlich nach Zeitpunkt und räumlicher Geltung.

Bei Recherchen nach Zeichenrechten Dritter sollte aus Kostengründen zuerst nach identischen Marken recherchiert werden, da diese verhältnismäßig leicht in Datenbanken auffindbar sind. Hierbei hilft auch die Einteilung der Marken in 34 Warenklassen und 8 Dienstleistungsklassen.

Sehr viel schwerer ist es dagegen, nichtidentische Drittmarken zu ermitteln, die aufgrund ihrer Ähnlichkeit, z.B. nach dem Klang, dem Schriftbild, der Begrifflichkeit oder wegen einer einprägsamen gemeinsamen Silbe oder Silbenfolge, verwechselbar sind. Hierfür ist es erforderlich, sich der Hilfe aufwendiger Computerprogramme zu bedienen.

Wochen können während der Kreation geeigneter Marken und während der darauffolgenden Recherchen vergehen. Diese Zeitspanne wird noch größer, wenn nach den Recherchen sich herausstellt, daß alle bisher gewählten Marken nicht benutzt werden können und neue aufgestellt sowie überprüft werden müssen. Es ist deshalb ratsam, früh genug vor der Markteinführung Marken zu planen.

Besonders nachteilig ist es für ein Unternehmen, das eine neue Marke oder einen neuen Firmennamen in Benutzung nimmt, wenn der Inhaber einer älteren Marke erst viele Jahre nach der Benutzungsaufnahme der jüngeren Marke Rechte geltend macht. Ein solch später Angriff ist zulässig. Das Unternehmen mit der jüngeren Marke muß die Benutzung seiner Marke einstellen und oft erhebliche Verluste in Kauf nehmen. Die Rechtsprechung geht davon aus, daß es zur Sorgfaltspflicht des Inhabers der jüngeren Marke gehört, vor Benutzungsbeginn darauf zu achten, ob seine gewählte Marke ältere Rechte verletzt. Dem Inhaber der älteren Marke kann dagegen nicht zugemutet werden, stets sofort alle verletzenden Marken aufzufinden und gegen diese anzugehen.

Der Inhaber der jüngeren Marke kann nur in speziellen Fällen die Einrede der Verwirkung erfolgreich geltend machen, wenn der Inhaber der älteren Marke in Kenntnis der jüngeren Marke deren Benutzung fünf Jahre geduldet hat. Diese Voraussetzungen liegen aber meist nicht vor.

Marken auf Vorrat

Um jederzeit eine neue Marke zur Verfügung zu haben, kann es angebracht sein, Marken auf Vorrat zu entwickeln. Bei vorrätigen Marken ist aber zu beachten, daß eine beim Deutschen Patentamt angemeldete Marke innerhalb von fünf Jahren ab der Eintragung in das Markenregister benutzt werden muß. Anderenfalls kann sie auf Antrag eines Dritten gelöscht werden.

Ein Vorrat von den beim Patentamt eingetragenen Marken kann also nicht beliebig lange aufbewahrt werden, sondern die Marken müssen rechtzeitig vor Ablauf der Fünfjahresfrist benutzt werden. Wird eine Marke für einen Teil der angemeldeten Waren oder Dienstleistungen benutzt, so wird die Marke nur für die unbenutzten angreifbar beziehungsweise löschungsreif. Wird aber eine länger als fünf Jahre nicht benutzte Marke nicht angegriffen und eines Tages vom Inhaber benutzt, so ist die davorliegende Zeit der Löschungsreife unschädlich. Die Marke gilt als »geheilt«.

Die Lebenszeit einer Marke

Während Patente und Geschmacksmuster spätestens nach 20 Jahren und Gebrauchsmuster spätestens nach zehn Jahren ablaufen, lebt eine Marke ewig, wenn sie immer wieder alle zehn Jahre durch Einzahlen einer Gebühr verlängert wird.

Dennoch besteht die Gefahr, daß eine Marke durch den Angriff eines Dritten zu Fall kommt. Wie bereits oben erwähnt, kann eine Marke von einem anderen durch eine Marke, eine sonstige nicht beim Deutschen Patentamt eingetragene, aber benutzte Unternehmenskennzeichnung, beispielsweise das C&A-Logo oder einen Firmennamen, angegriffen werden, die bzw. der eine bessere Priorität besitzt. Auch kann ein Nichtbenutzen der Marke dazu führen, daß ein Dritter die Löschung der Marke beantragt.

Das neue deutsche Markenrecht

Eine große Änderung der Kennzeichnungsrechte trat zu Beginn des Jahres 1995 ein. Aus dem ehemaligen deutschen Warenzeichengesetz wurde das Markengesetz (MarkenG). Die wichtigsten Unterschiede zum bisherigen Recht sind nachfolgend aufgeführt.

Neben Marken zur Unterscheidung einer Ware oder Dienstleistung von den Leistungen anderer schützt das neue deutsche Markengesetz außerdem:

- geschäftliche Bezeichnungen wie Namen, Firma oder Firmenschlagwort;
- geographische Herkunftsangaben, ausgenommen es handelt sich um Gattungsbezeichnungen, oder die Herkunftsangaben führen über die geographische Herkunft in die Irre;
- dreidimensionale Marken, wie die Form der Ware oder die Ausstattung;
- akustische Marken;
- Werktitel (Titelschutz).

Weitere Neuerungen sind:

- Nach dem neuen deutschen Markengesetz ist ein Geschäftsbetrieb nicht mehr erforderlich.

- Ein Widerspruch kann erst nach der Eintragung in das Markenregister erhoben werden.
- Eine Teilung der Anmeldung und der eingetragenen Marke ist jederzeit möglich.
- Verbietungsrechte können auch aus nicht angemeldeten Marken geltend gemacht werden, wenn diese Verkehrsgeltung besitzen.
- Zahlen und Buchstaben sind schutzfähig, wenn nicht ein zwingendes Freihaltebedürfnis besteht.
- Ein Löschungsantrag wegen fehlender Unterscheidungskraft oder Freihaltebedürfnis kann nur innerhalb von zehn Jahren nach der Eintragung gestellt werden.

Die Gemeinschaftsmarke und die IR-Marke

Schon seit Jahrzehnten ist es auf der Basis einer nationalen Marke und seit Bestehen des Europäischen Markenamtes auf der Basis einer Gemeinschaftsmarke möglich, eine sogenannte »International Registrierte Marke« (IR-Marke) anzumelden. Dies ist ein recht preiswerter Weg, Schutz im Ausland zu erhalten. Leider gehören dem Madrider Markenabkommen, das diesen Schutz gewährleistet, nicht alle Länder an, so daß hierdurch z.B. ein Schutz in Großbritannien, in den USA und Japan nicht erreichbar ist. In diesen Ländern müssen immer noch nationale Anmeldungen eingereicht werden.

Die Gemeinschaftsmarke, ein EU-weit geltendes Schutzrecht für Marken, ist ähnlich dem deutschen Markenrecht strukturiert. Gemeinschaftsmarken können seit dem 1. April 1996 beim Europäischen Markenamt in Alicante (Spanien) angemeldet werden. Die Gemeinschaftsmarke kann nur für alle Länder der EU, nicht aber nur für einzelne Länder beantragt werden. Im Gegensatz zum deutschen Anmeldeverfahren wird auch darauf geprüft, ob identische oder ähnliche Marken Dritter bestehen.

In der Regel wird eine neue Marke erst beim Deutschen Patentamt angemeldet, und dann wird innerhalb von sechs Monaten dieselbe Marke beim Europäischen Markenamt in Alicante als IR-Marke eingereicht. Hierbei wird dann die Priorität, d.h. der Anmeldetag der deutschen Marke beansprucht.

Die in diesem Kapitel angeführten Schwierigkeiten und Gefahren zeigen, daß es ratsam ist, bei der Entwicklung einer neuen Marke frühzeitig einen Berater wie einen Patentanwalt oder einen in Markensachen spezialisierten Rechtsanwalt hinzuzuziehen.

Die Autonomie der Marke

Natürlich verselbständigt sich eine Marke mit der Zeit und wird zum Inbegriff für das Produkt: Welcher APPLE-User denkt heute noch an den Apfel oder welcher Autofahrer an eine spanische Frau, wenn er MERCEDES hört? Wer weiß, daß Föhn ein warmer Wind ist und bei AEG Pate stand für einen Warmluft-Haartrockner namens FÖN? Oder wer erkennt hinter SCIROCCO und PASSAT noch Windnamen?

Bei den heutigen Investitionskosten für die Entwicklung eines neuen Produktes, bei dem steigenden Druck durch die Konkurrenz, bei der Produktvielfalt und bei den sinkenden Investitionsvorsprüngen muß ein neues Produkt schnell auf dem Markt seine Anteile gewinnen. Es muß alle Chancen auf seiner Seite haben und jegliche Starthürden vermeiden. In den ersten Monaten muß sich der Name für das Produkt etabliert haben. Er ruft viele Assoziationen wach, die vielleicht nichts mit dem neuen Produkt zu tun haben: Den Namen SERENA wird man in Deutschland zunächst mit Damenbinden in Verbindung bringen, bevor man an ein Auto von NISSAN denkt. Ein PROBEwagen kann doch kein Automodell von Ford sein und ROLLS ROYCE hätte in Deutschland wohl lange gebraucht, um mit SILVER MIST einen britischen Nieselregen in Verbindung zu bringen.

Die Hersteller müssen schnell kostendeckend arbeiten, d.h., die Verbraucher müssen das Produkt möglichst rasch einordnen können und kaufen. Der Name soll dazu beitragen. Es ist anzunehmen, daß ein CLIO ein anderes Auto ist als ein TIGRA oder XANTIA. Welcher von den Namen würde mich für einen Kleinwagen in der Stadt am meisten ansprechen? Der Name wird deshalb auch Grundstein der gesamten Kommunikation sein.

Man hat heute vergessen, daß MENTOS und Menthol denselben etymologischen Ursprung haben. Genauso verselbständigt sich die Marke im Laufe der Zeit, und manche Idee oder Assoziation, die für die Kreation wesentlich waren, verliert sich.

Daß OMO in Frankreich mit Homosexualität in Verbindung gebracht werden könnte, ist vielleicht gar nicht so bedeutend. Wer denkt schon daran? Diese Marken leben in ihrem Assoziationsumfeld und haben sich über die phonetischen Ähnlichkeiten mit anderen Worten hinweggesetzt. Diese müssen wir uns heute sogar vielfach erst wieder künstlich bewußt machen.

Es gibt eine Verknüpfung zwischen dem Wort und der Sache, die es bezeichnet. Letztere übernimmt im Laufe der Zeit das Image dessen, was es begleitet. Ein Wort wird teilweise öfter in seiner wirtschaftlichen (Marke) als in seiner ursprünglichen Bedeutung benutzt. HERMES steht eher für die Haute-couture oder für eine Versicherung als für einen Gott. DEMETER ist der Inbegriff gesunder Ernährung, aber nur wenige wissen, daß die Hersteller sich bewußt nach der Göttin des Getreides benannt haben. Das heißt ganz einfach, daß die Worte denen gehören, die sie besetzen, und wirtschaftliche Größen haben oft die Macht (und die Mittel), sie nach ihren Ideen abzuwandeln. Steht es nicht in der Macht der Werbung, ein Krokodil in ein sympathisches Tier zu verwandeln (LACOSTE) oder ein Atoll, das nuklearen Versuchen dient, zu einem Feriensymbol zu machen (BIKINI)?

Dies soll natürlich nicht bedeuten, daß jedes Wort zu einem guten Markennamen werden kann: Eine Marke kann anfangs durch negative Assoziationen blockiert werden, die eventuell durch Zeit und Werbung abgeschwächt werden können. Eine durchdachte Marke dagegen spart Zeit und Kosten für Kommunikation.

In multinationalen Konzernen wurden viele Aktionen zur Markenrestrukturierung durchgeführt. Folgender Prozeß kommt dabei am häufigsten zum Tragen: Dasselbe Produkt wird in verschiedenen Ländern unter unterschiedlichen Namen angeboten. Das Management entscheidet, Produkte um eine Marke herum zu gruppieren (entweder um eine neue oder eine bereits bestehende Marke), was die Verbraucher und den Handel in beträchtlichem Ausmaß stört. Wenn diese Operationen brutal durchgeführt werden, kann man einen Verkaufsrückgang von bis zu 40 Prozent feststellen. Besser ist es, den Übergang zu einer neuen Marke progressiv zu gestalten: Koexistenz für einen bestimmten Zeitraum (einige Jahre) mit anschließendem Verschwinden der alten Marke. In jedem Fall ist eine solche Operation kostspielig. Sie kann sich aber langfristig durch eine Rationalisierung der Verwaltungskosten, eine bessere Amortisierungsdauer der Investitionen (Ver-

packung, Werbekosten) und die Möglichkeit zu internationalen Kommuni-
kationsaktivitäten, insbesondere Sponsoring, als gerechtfertigt erweisen, wie
man es bei der Umwandlung des deutschen RAIDER zu TWIX sehen
konnte.

Glossar

Absendermarke: Eine Marke steht für mehrere heterogene Produkte, die so vollständig sind, daß sie sich wiederum in Produktsortimente aufgliedern lassen. Die *Herstellermarke* deckt als Absender ein breites Markensortiment ab. Jedes Markensortiment trägt einen eigenen Namen. Eventuell tragen sogar die einzelnen Produkte wieder eigene Namen. Die Marke bürgt als Garant für die Qualität der Produkte und deren Herkunft (z. B. MER-CEDES-BENZ, C-Classe, 190, Esprit).

Ähnliche Markennamen: Vom Klang und/oder Sinngehalt ähnliche Namen, die rechtlich aufeinanderstoßen können. Eine Ähnlichkeitsrecherche sollte vor einer Produkteinführung mit neuem Namen durchgeführt werden und von einem Warenzeichenspezialisten begutachtet werden.

Akronym: Buchstabenwort, das aus einer Abkürzung entstanden ist (Sigel), aber wiederum aussprechbar ist (CUBIS).

Allegorie: Bildlich sprechen, personifizieren.

Alliteration: Zwei Wörter beginnen mit dem gleichen Laut.

Anmeldung: Durch Ausfüllen eine Formulares und Zahlung von DM 500,- wird ein Markenname beim Deutschen Patentamt eingereicht.

Assonanz: Gleichklang der Vokale im Reimwert.

Assoziative Namen: Geben indirekte Hinweise auf die Produktpersönlichkeit. Sie können lexikalisiert sein oder nicht, denotativ oder konnotativ (z. B. AERISTO für hochwertige Luftfilter).

Bekannte Marke: Eine bekannte Marke erhält in allen Warenklassen übergreifenden Schutz, wenn ihr Bekanntheitsgrad über die Zielgruppe hinausgeht. Ein beschreibender Markenname kann Schutz erhalten, wenn bewiesen wird, daß er von der Zielgruppe mit einem Produkt eines bestimmten Herstellers in Verbindung gebracht wird (z. B. KINDER-SCHOKOLADE und MILCHSCHNITTE von FERRERO).

Bekanntheitsgrad: In der Marktforschung bei Zielgruppenbefragungen: »Wieviel Prozent der Befragten kennen diese Marke?« Ermittelt wird die *gestützte* oder *ungestützte Bekanntheit.*

Benutzungspflicht: Nach fünf Jahren kann ein Mitwettbewerber einen Löschungsantrag auf Nichtbenutzung eines geschützten Markennamens stellen.

Beschreibende Namen: Allgemeine Angaben zu dem Produkt: Indikation, Komposition, Beschaffenheit, Art usw. (Auto für ein Auto, Speedy für ein Auto). Diese Namen sind nicht schutzfähig.

Brandukt: Brand + Produkt. Ein Name steht für ein einziges innovatives Produkt, für das es keine allgemeine Bezeichnung gibt (z. B. TABASCO, LEGO).

Briefing: Alle notwendigen Informationen über die Produktpositionierung, die das Unternehmen für die Namensentwicklung vorab zur Verfügung stellt.

Dachmarke: Betrifft die nominale Struktur der Markennamen. Ein Name steht für mehrere Produkte. Er fungiert als Dach, Schirm.

Denotation: Direkte, kontextunabhängige, konstante begriffliche Grundbedeutung eines sprachlichen Ausdrucks im Unterschied zu konnotativen, d.h. subjektiv variablen Bedeutungskomponenten.

Diphthong: Doppelvokal, z. B. *au, ea, ia.*

Eigenmarke: Eine eigene Marke einer Handelsgesellschaft (Handelsmarke) im Gegensatz zu einer *Herstellermarke* (Markenartikel).

Eintragung ins Warenzeichenregister: Ist die dreimonatige Widerspruchsfrist seit der Anmeldung beim Deutschen Patentamt ohne erfolgreichen Widerspruch ähnlicher älterer Rechte abgelaufen, wird ein Markenname in die Warenzeichenrolle II eingetragen und ist so für zehn Jahre geschützt.

Emblem: Sinnbild oder *Zeichen*, das einen bestimmten Bedeutungsinhalt aufweist (Ölzweig für Frieden).

Eponym: Gattungsbezeichnung, die auf einen Personennamen zurückgeht (z. B. Zeppelin).

Euphonie: Sprachlicher Wohlklang.

Frei erfundene Namen: Sind nicht lexikalisiert, haben auch keinerlei Ähnlichkeit zu einem bestehenden, allgemein bekannten Wort, haben keinen Produktbezug, außer durch ihren Klang (ILOE für Dessous, KODAK). Auch Kunstname genannt.

Gattungsbezeichnung: Die generische, allgemeine Bezeichnung eines Produktes. Sie ist juristisch freihaltebedürftig für alle Produkte dieser Kategorie.

Generische Namen: Namen, die eine Produktgattung beschreiben.

Germanische Sprachen: Sprachzweig des Indo-Europäischen, der sich von den übrigen indo-europäischen Sprachen durch sein besonderes Konsonantensystem unterscheidet; er enthält die nordischen Sprachen, wie z. B. Deutsch, Englisch, Schwedisch.

Geschlossene Silben: Silben, die mit einem Konsonanten enden.

Gestützte Bekanntheit: Nicht spontane Bekanntheit. In der Marktforschung werden bei Zielgruppenbefragungen zum *Bekanntheitsgrad* einer Marke verschiedene Marken zur Auswahl vorgegeben: »Welche unter den folgenden zehn Marken ist Ihnen bekannt?«

Gleichnis: Veranschaulichung durch Vergleich mit einem ähnlichen Sachverhalt aus einem anderen Lebensbereich.

Handelsmarke: Eine eigene Marke einer Handelsgesellschaft (Handelsmarke) im Gegensatz zu einer *Herstellermarke* (Markenartikel). Synonym zu *Eigenmarke*.

Herkunftsbezeichnung: Eine geschützte Herkunftsbezeichnung setzt strenge Kriterien zum Herstellungsort und zum Fabrikationsprozeß. Sie wird von der EG vergeben (z. B. Roquefort, Champagne).

Herstellermarke: Ein Produkt, das direkt vom Hersteller (Markenartikler) unter seinem Namen produziert und vertrieben wird.

Homonyme: Gleichlautende Wörter mit unterschiedlicher Bedeutung.

Hyperbel: Übersteigerung des Ausdrucks in vergrößerndem oder verkleinerndem Sinn (Arme in meiner Faust).

Identische Markennamen: Juristisch identische Markennamen sind vom Klang und/oder Sinngehalt gleich. Eine Identitätsrecherche kann online kurzfristig durchgeführt werden, reicht jedoch nicht aus. Vor der Produkteinführung sollte noch eine Ähnlichkeitsrecherche in Auftrag gegeben werden.

Image: Symbolik, emotionale Welt, die sich um eine Marke herum aufbaut.

Konnotation: Die emotionale Vorstellung, die die Grundbedeutung eines Wortes begleitet (Mond ist romantisch).

Konsonant: Mitlaut (z. B. *p, t, k, s, r*).

Kreationsrichtlinie: Definiertes semantisches Umfeld, in dem Namen passend für ein Produkt kreiert werden sollen (z. B. der Musikbereich für Autos).

Kürzel: Ein Name, der aus den Anfangsbuchstaben von mehreren Wörtern zusammengestellt wird (Sigel).

Lexikalisierte Namen: Aus dem allgemeinen Wortschatz; stehen identisch im Wörterbuch.

Linguistik: Sprachwissenschaft.

Linienmarke: Eine Marke steht für mehrere homogene Produkte. Sie bezieht sich auf die Produkttiefe in der vertikalen Ebene. Es handelt sich um leichte Produktvarianten mit dem gleichen Versprechen und der gleichen Zielgruppe (z. B. COCA-COLA Classic oder LIGHT, Dose oder Flasche, 0,33 oder 1 Liter).

Lizenz: Befugnis, ein gewerbliches Schutzrecht oder ein nicht schutzfähiges Recht eines anderen in der Regel gegen Entgelt zu benutzen.

Luxusmarke: Auch Signatur genannt. Sie ist eine *Absendermarke*, die im Laufe der Zeit ein hohes Prestigeimage erhalten hat und im sozialen Umfeld zum Symbol, zur Referenz geworden ist. Der *Bekanntheitsgrad* geht über die Zielgruppe hinaus. Grundstein waren hervorragende Qualität und Kreativität sowie ausgewählte Vertriebswege (z. B. PIERRE CARDIN, CARTIER).

Madrider Abkommen: Vertrag zur Unterdrückung falscher oder irreführender Herkunftsangaben. Beinhaltet den Markenschutz durch internationale Registrierung. Wurde bislang von über 40 Staaten unterzeichnet, allerdings noch nicht von Dänemark, Griechenland und den USA.

Mapping: Achsenkreuz zur graphischen Darstellung von Untersuchungsergebnissen.

Marke: Das Produkt und das Image, das an einem Namen haftet.

Markenartikel: Ein Produkt, das direkt vom Hersteller (*Herstellermarke*) unter seinem Namen produziert und vertrieben wird.

Markenkern: Die unveränderliche und unantastbare Persönlichkeit einer Marke. Kann vom Namen widergespiegelt werden.

Markenname: Der Name, der ein Produkt, eine Produktlinie, ein Produktsortiment oder eine *Absendermarke* bezeichnet.

Markenpiraterie: Verletzung des Urheberrechts durch Fälschung von Markenartikeln und deren Warenzeichen.

Markenportfolio: Markennamenbestand, der einem Unternehmen gehört.

Markenwert: Wert, der sich für einen Markenartikel in einer finanzwirtschaftlichen Bewertung ergibt.

Marketing: Planung, Koordination und Kontrolle aller auf die aktuellen und potentiellen Märkte ausgerichteten Unternehmensaktivitäten mit dem Ziel der Verwirklichung der Unternehmensziele im gesamtwirtschaftlichen Güterversorgungsprozeß durch eine dauerhafte Befriedigung der Kundenbedürfnisse.

Marketing-Mix: Optimaler Einsatz aller Marketing-Instrumente, um den Absatz zu erhöhen.

Marktforschung: Systematische Gewinnung von Verbraucherdaten und Analyse der Verbraucherbedürfnisse zur nicht-personenbezogenen Verwertung für Marketing-Entscheidungen.

Me-Too Produkt: Produktkopie.

Merkfähigkeit: In der Marktforschung abgetestete Einprägsamkeit einer Marke. Eine einheitliche Theorie zur Erklärung der Merkfähigkeit eines

Namens existiert bislang nicht. Die *Markforschung* zeigt jedoch, daß oft die Namen am merkfähigsten sind, die Emotionen wachrufen.

Metapher: Ein Wort wird aus dem gewohnten Bedeutungszusammenhang auf einen anderen übertragen. Dabei verschmelzen die beiden Bereiche zu einer Einheit (Tischfuß).

Monomarke: Betrifft die nominale Struktur der Markennamen. Ein Name steht für ein einziges Produkt.

Morphologie: Kleinstbedeutender Bestandteil eines Namens (z. B. syn = zusammen in Synergie). Form eines Namens (Anzahl der Silben, der Buchstaben, Aufbau der Reihenfolge der Konsonanten und Vokale).

Nischenprodukt: Produkt, das eine Marktlücke besetzt. Nach Erstellung eines *Mappings* (Achsenkreuz), auf dem die vorhandenen Marken einer Produktkategorie positioniert sind, kann eine Marktnische entdeckt werden.

Offene Silben: Silben, die mit einem Vokal enden.

Palindrom: Sinnvolle Folge von Buchstaben oder Wörtern, die rückwärts gelesen gleichlauten bzw. ebenfalls einen Sinn ergeben (z. B. OMO).

Paronym: Lautliche Ähnlichkeit zwischen zwei Ausdrücken in verschiedenen Sprachen, z. B. dt.: *Sommer*, engl.: *summer*.

Personifizierung: Ein Gegenstand oder Begriff wird als Person dargestellt.

Phonetik: Untersuchung der lautlichen Realisierung eines Wortes.

Piktogramm: Stilisierte Darstellung, die eine bestimmte Information vermittelt (z. B. Wegweiser im Flughafen oder Bahnhof).

Polysemie: Inhaltliche Mehrdeutigkeit.

Positionierung: Die Kreation einer einmaligen Persönlichkeit für eine Marke (Firma, Produkt oder Dienstleistung) in Abgrenzung zur Konkurrenz.

Produktmarke: Eine Marke beinhaltet ein einziges Produkt.

Pseudonym: Falscher bzw. erfundener Name für einen Künstler, z.B.: Novalis = Friedrich von Hardenberg / Jean Paul = Jean Paul Friedrich Richter.

Return on Investment (ROI): Maß der Rentabilität von Investitionen.

Romanische Sprachen: Sprachzweig des Indo-Europäischen, der aus dem Lateinischen hervorgegangen ist; er enthält z. B. die Sprachen Italienisch, Französisch, Spanisch.

Schutz eines Markennamens: Anmeldung beim Deutschen Patentamt (Prüfung nach absoluter Schutzfähigkeit); drei Monate Widerspruchsverfahren (Hürde der ähnlichen älteren Rechte); Eintragung für zehn Jahre, die beliebig erneuert werden kann.

Semantik: Sinngehalt eines Namens.

Semiologie: Sprachwissenschaftliche Theorie, die sich mit den generellen Eigenschaften aller möglichen Zeichen beschäftigt (Schrift, gesprochene Sprache, Gebärdensprache, militärische Signale etc.).

Share of Voice: Anteil der »Werbestimmen« (= Auftritte) innerhalb einer Produktkategorie.

Siegel: Gütezeichen.

Sigel: Festgelegtes Abkürzungszeichen, Kürzel.

Signifikant: Sprachwissenschaftlicher Fachbegriff für das Lautbild eines Wortes.

Sortimentsmarke: Eine Marke steht für mehrere heterogene Produkte. Sie bezieht sich auf die Produktbreite, die horizontale Ebene. Es handelt sich um verschiedene Produkte mit unterschiedlichen Versprechen, die sich an unterschiedliche Zielgruppen adressieren (z. B. DIOR Haute-Couture: Kosmetik, Parfüms wie POISON, DIORELLA, TENDRE POISON, DIORELLA, TENDRE POISON, DIORESSENCE, FAHRENHEIT, EAU SAUVAGE, MISS DIOR, DIORISSIMO, DUNE).

Symbol: Ein sinnlich gegebenes und faßbares bildkräftiges Zeichen, das über sich hinaus auf einen höheren, abstrakten Bereich verweist.

Synonym: Sinnverwandtschaft.

Takt: Regelmäßige Wiederkehr von Betonungen.

Top of Mind: Marktforschung zur Bekanntheit eines Produktes für die Ermittlung der spontan genannten Marke in einem Produktbereich.

Ungestützte Bekanntheit: Meint die spontane Bekanntheit. In der Marktforschung wird bei Zielgruppenbefragungen zum *Bekanntheitsgrad* einer

Marke ohne Vorgaben gefragt: »Welche Marke in der Branche *X* fällt Ihnen spontan ein?«

Unlauterer Wettbewerb: Nicht legale Werbeaussagen, die Konkurrenten beeinträchtigen können.

Unterscheidungsfähig: Markennamen, die keine ähnlichen älteren Rechte verletzen durch Klang, Form oder Sinngehalt und keine allgemeinen Angaben zum Produkt machen.

Verfremdungseffekt: Das Verändern gewohnter Erscheinungen oder Zusammenhänge ins Ungewöhnliche.

Verpackung: Gestaltung der Abpackung eines Produktes.

Vokal: Selbstlaut (a, e, i, o, u).

Warenklasse: Das deutsche Patentamt sieht 34 Waren- und 8 Dienstleistungsklassen vor, in das sich die verschiedenen Produkte einordnen lassen.

Zauberspruch: Heidnisch-germanischer Spruch kultisch-magischen Inhalts, der Unheil und Dämonen abwehren oder die Hilfe guter Mächte herbeirufen sollte. Er beruht auf dem Glauben an die magische Kraft des Wortes.

Zeichen: Juristischer Fachbegriff für einen Markennamen. In der Sprachwissenschaft steht Zeichen für jedes sinnlich wahrnehmbare Signal, das sich auf einen Sachverhalt in der realen Welt bezieht.

Zielgruppe: Eine von der Marketingstrategie ausgewählte Ansprechgruppe von Verbrauchern.

Abbildungsverzeichnis

Literatur

Botton, Marcel: *50 Fiches de Créativité Appliquée,* 1. Aufl., Paris 1980.

Botton, Marcel u. Cegarra, Jean-Jack: *Le nom de marque,* 1. Aufl., Paris 1990.

Brandmeyer, Klaus: Die magische Gestalt, MARKETING JOURNAL Gesellschaft für angewandtes Marketing mbH, Hamburg 1991.

Bußmann, Hadumod: *Lexikon der Sprachwissenschaft,* 2. Aufl., Stuttgart 1990.

Cauzard, Daniel; Perret, Jean; Ronin, Yves u. Mitteaux, Valérie: *Le livre des marques,* 1. Aufl., Paris 1993.

Cohausz, Helge B.: *Patente & Muster,* 2., aktualisierte Aufl., München 1993.

Debus, Friedhelm: *Reclams Namenbuch. Deutsche und fremde Vornamen nach Herkunft und Bedeutung erklärt,* Philipp Reclam Jun. Stuttgart, Stuttgart 1987.

Dichtl, Erwin u. Eggers, Walter: *Marke und Markenartikel als Instrumente des Wettbewerbs,* Sonderauflage, München 1992.

Diller, Hermann: *Vahlens großes Marketing-Lexikon,* München 1992.

Domizlaff, H.: *Die Gewinnung des öffentlichen Vertrauens. Ein Lehrbuch der Markentechnik,* Hamburg 1982.

Fischer, Hans-Dieter u. Uerpmann, Horst: *Einführung in die deutsche Sprachwissenschaft,* 2. Aufl., München 1987.

Giefers, Hans-Werner: *Markenschutz. Warenzeichen und Dienstleistungsmarken in der Unternehmenspraxis,* 2. Aufl., Freiburg i. Br. 1987.

Interbrand Group: *Brands,* 1. Aufl., London 1990.

Kapferer, Jean-Noël u. Thoenig, Jean-Claude: *La marque,* 1. Aufl., Paris 1989.

Kapferer, Jean-Noël: *Die Marke, Kapital des Unternehmens,* Landsberg/Lech 1992.

Kotler, Philip u. Bliemel, Friedhelm: *Marketing-Management. Analyse, Planung, Umsetzung und Steuerung,* 7. Aufl., Stuttgart 1992.

Kristeva, Julia: *Le langage, cet inconnu,* 1. Aufl., Paris 1981.

Malmberg: Les Domaines de la Phonétique, Paris, 1971.

Marion, G.: La Marque, l'Enseigne et le Nom de l'Entreprise, Dinard 1987.

Meffert, Heribert: *Marketing. Grundlagen der Absatzpolitik,* 7. überarbeitete und erweiterte Aufl., Wiesbaden 1986.

Murphy, John: *Branding. A Key Marketing Tool,* London 1992.
Plasseraud, Yves: *Choisir, Protéger et Gérer vos Marques,* Paris 1977.
Rège, Philippe: *A vos marques,* 1. Aufl., Lausanne 1989.
Room, A.: Dictionary of Trade Names Origins, London 1982.

Register

George Lois
Die zündende Idee
Mit Frechheit werben
(und verkaufen!)

1993. 266 Seiten, gebunden mit 19 Abbildungen
ISBN 3-593-34948-5

George Lois verhalf mit seinen ungeheuerlichen, aber ungemein verkaufsfördernden Ideen mehr Produkten zu einem hohen Bekanntheitsgrad als jeder andere Marketing- und Werbeprofi. Er beschreibt, wie man Verkaufsstrategien sowie Marketingtechniken entwickelt und damit großartige Werbung macht. *Die zündende Idee* – für jeden Wirtschafts-, Marketing- und Kommunikationsexperten, der originelle Lösungen für kreative Probleme sucht, eine faszinierende, unterhaltsame und lehrreiche »Pflichtlektüre«.

»George Lois ist vielleicht wirklich so genial auf dem Gebiet der Massenkommunikation, wie er von sich selbst behauptet.«

New York Times

»George Lois ist ein respektloser, hochbegabter Mann, der wie ein kreativer Wirbelwind durch die Welt der Werbung fegt.«

The Wall Street Journal

Campus Verlag · Frankfurt/New York

Klaus Schmidt (Hg.)
Corporate Identity in Europa
Strategien, Instrumente, erfolgreiche Beispiele

1994. 231 Seiten, gebunden mit 45 Abbildungen
ISBN 3-593-35162-5

Corporate Identity ist zum Inbegriff erfolgreicher Unternehmensstrategie und -führung geworden. Doch wie kann man in Europa – unter den multikulturellen Bedingungen internationaler Märkte und Unternehmen – eine einheitliche Unternehmensidentität durchsetzen? Auf der Basis dreier paneuropäischer Studien entwickelt Klaus Schmidt ein entsprechendes ganzheitliches Instrumentarium. Darüber hinaus geben erfahrene Unternehmen und Topmanager einen »Insider«-Einblick in die Werkstatt internationaler Corporate Identity.

»Wichtige Fallbeispiele für die Wirtschaftspraxis, die in dieser Fülle noch nicht publiziert wurden.«

Dieter Balkhausen, ZDF-Wirtschaftsredaktion

»Der Autor hat mit seinen Studien zur Corporate Identity unter multikulturellen Anforderungen umfassende Kompetenz gewonnen. Jetzt zeigt er, wie sich Corporate Identity erfolgreich einsetzen läßt.«

Dr. Axel Schnorbus, FAZ, Blick durch die Wirtschaft

Campus Verlag · Frankfurt/New York